KB175880

자연을 지키는

지키는

21세기 기업이 알아야 할 생물다양성

비즈니스가
성공한다

자연을 지키는 비즈니스가 성공한다

21세기 기업이 알아야 할 생물다양성

비즈니스가 성공한다

이승은 지음

이담 Books

기후변화에 이어 생물다양성이 국제사회의 뜨거운 환경 이슈로 떠오르고 있다. 지난 2010년은 유엔이 정한 '세계 생물다양성의 해'였다. 같은 해 10월에는 '나고야 의정서'가 채택되어 생물 유전자원에 대해 관심이 쏠렸다. 2014년에는 우리나라에서 제12차 생물다양성 협약 당사국회의가 열릴 예정이다. 이를 계기로 생물다양성의 의미와 보전에 대한 관심이 다방면으로 조명되고 있다. 하지만 생물다양성이라 하면 주로 멸종위기종이나 희귀종의 보전만을 떠올리기 십상이다. 또 생물다양성은 일부 전문가나 환경단체, 정부의 일로만 여겨 나와는 거리가 먼 것으로 생각하는 사람들도 많다.

하지만 생물다양성은 마치 공기처럼 우리의 일상생활, 경제활동과 떼려야 뗄 수 없는 존재이다. 인간은 식량, 의료품, 화장품 등 생활에 필요한 대부분을 자연으로부터 얻는다. 또, 대기 중 오염물질과 이산화탄소의 흡수, 지하수 함양, 홍수 조절, 미기후 조절, 레크리에이션 등 눈에 보이지 않는 여러 가지 자연의 혜택을 누린다. 자연이 주는 다양한 혜택, 이른바 생태계 서비스는 궁극적으로 생물다양성에서 유래한 것이다.

최근의 경제학적 연구들은 생물다양성이 주는 혜택을 금전으로 환산하면 엄청나다는 것을 보여준다. 2010년의 '생태계 및 생물다양성 경제학(The Economics of Ecosystems and Biodiversity)' 연구에 따르면, 생태계 서비스의 경제적 가치는 한 국가 GDP의 5~20%에 달한다. 생태계 서비스에 의존하여 생계를 유지하는 빈곤 국가에서는 GDP의 50~90%나 차지한다. 하지만 인류는 거의 7조 1천억 원 이상의 육지 생태계 서비스를 매년 잃고 있다. 아무런 대책을 하지 않을 경우 2050년까지 세계 GDP의 7%에 이르는 손실을 입을 수 있다고 한다.

오늘날 사상 유례없는 속도로 생물다양성이 감소하고 있다. 그 원인의 99%는 토지 개발, 남획, 기후변화, 외래종, 환경오염과 같은 인간활동 때문이다. 농림수산업, 관광업, 광산업 등 어떠한 방식으로든 생물다양성에 영향을 미치지 않는 경제활동을 찾아보기 어렵다. 전 세계 상위 3천 개 기업이 환경에 미치는 손실 비용만 해도 2008년 2조 2천억 달러를 넘는다.

이제 생산과 소비를 포함한 경제활동 전반의 변화 없이는 생물다양성을 보전하기 어렵다는 인식이 증가하고 있다. 생물다양성은 윤리적 문제를 넘어 경제적 문제, 비즈니스의 문제가 되고 있다. 이와 더불어 새로운 시장과 규칙도 만들어지고 있다. 생물다양성 옵셋(offset), 생태계 서비스의 거래, 그린 인증 제품, 생물 유전자원 탐사(bioprospecting) 등 생물다양성의 보전과 지속가능한 이용을 위한 시장 메커니즘이 주목받고 있다.

생물다양성은 개별 생물종의 보전만으로 해결되지 않는다. 비즈니스 방식의 전환이 요구된다. 원재료 조달, 사회적 평판, 새로운 법규와 시장, 금융 등의 측면에서 생물다양성은 비즈니스의 리스크가 될 수도 있고, 기회가 될 수도 있다. 국제자연보호연맹(IUCN)에 따르면 생물다양성 보전과 비즈니스는 양립 가능하다. 생물다양성을 기업 경영에 통합하는 사례도 증가하고 있다. 이는 기업의 본업을 통하여 사회적·환경적 가치를 추구한다는 점에서 최근 주목받는 마이클 포터 하버드대 교수의 공유가치창출(Creating Shared Value, CSV)과도 일맥상통한다. 유니레버, 월마트, 네슬레, 립코 등 글로벌 선도 기업들은 이미 생물다양성과 관련된 새로운 시장을 주도하려는 노력을 기울이고 있다. 변화하는 시대에 새로운 규칙을 만드는 기업과 뒤늦게 따라가는 기업 간에는 미래의 지속가능성과 경쟁력에서 커다란 차이가 생길 것이다.

국내에는 생물다양성과 비즈니스에 관한 동향이 아직 잘 알려지지 않았다. 이 책은 생물다양성에 관한 기본적 이해와 함께 비즈니스와의 관련성에 관한 폭넓은 통찰을 돕기 위한 입문서이다. 글로벌 경제체제에서 경쟁력을 확보하려는 기업, 생물다양성과 녹색경제에 관심 있는 정책입안자, 그리고 지구환경에 기여하는 가치 있는 소비를 꿈꾸는 일반인들에게 참고가 되기를 바란다.

Part 1에서는 생물다양성과 생태계 서비스의 정의, 감소 현황과 원인, 경제적 가치 등 생물다양성에 관한 기본적 내용을 소개한다. Part 2에서는 비즈니스와 생물다양성 간의 관련성에 대하여 주요 영향과 의존성, 리스크와 기회, 기업역할과 같은 내용을 다룬다. Part 3은 생물다양성을 둘러싼 국제 협약과 동향, 대응 방향 등에 관한 내용이다. Part 4에서는 생물다양성 보전을 위해 국제적으로 주목되고 있는 시장 메커니즘의 현황에 대해 살펴본다. Part 5에서는 비즈니스를 통하여 생물다양성을 보전하는 선도적 기업들의 사례를 소개한다.

생물다양성은 가능성이다. 생물다양성은 환경문제만이 아니라 경제와 자원문제이다. 생태계 구성원인 인류의 지속가능성과도 직결된다. 생물다양성은 인간이 활용할 미래의 자원으로서, 다양한 기술을 배우고 모방할 표본으로서, 무한한 가능성을 지닌다. 오늘날의 생물다양성 감소 추세는 자연을 수익의 원천으로만 생각하는 대량생산 및 소비체계가 바뀌지 않는 한 멈추지 않을 것이다.

하버드대 생물학자 에드워드 윌슨에 따르면 인간은 자연과 교류하려는 선천적 욕구인 생명애(biophilia)를 지니고 있다. 생명애를 회복한 자연과 조화로운 비즈니스가 21세기 녹색경제의 핵심이 될 것이다. 생물다양성 비즈니스, 이제 다른 나라의 이야기가 아닌 우리의 이야기를 만들어야 할 때가 왔음을 이 책을 저술하면서 더욱 확신하게 되었다.

이승은

Contents

프롤로그 ■ 4

✔ PART 1 우리와 가까운 생물다양성

1. 생물다양성이란 무엇인가 / 14

2. 생물다양성이 주는 다양한 혜택 / 18

3. 생태계 서비스의 경제적 가치 / 23

4. 여섯 번째 대멸종인가 / 28

5. 종 멸종의 99%는 인간활동 때문 / 33

✔ PART 2 생물다양성과 비즈니스의 관계

1. 비즈니스의 영향과 의존 / 42

2. 생물다양성은 리스크이자 기회 / 50

3. 원재료 조달의 리스크 / 54

4. 사회적 자본, 평판관리의 중요성 / 58

5. 새로운 법규와 시장 기회 / 65

6. 점점 커지는 기업의 역할 / 69

PART 3 생물다양성을 둘러싼 국제 동향

1. 생물다양성 협약은 경제 협약 / 78

2. 생태계 및 생물다양성의 경제학 / 83

3. 공짜가 아닌 생물 유전자원 / 88

4. 공급망 상류까지 자연자본 개념을 / 95

5. 생물다양성 비즈니스가 필요한 이유 / 99

PART 4 생물다양성을 보전하는 시장 메커니즘

1. 불가피한 영향은 생물다양성 옵셋으로 / 110

2. 확대되는 생물다양성 옵셋과 뱅킹 / 116

3. 생태계 서비스에 지불하는 PES / 123

4. ABS와 나고야 의정서 / 128

5. 지속가능한 산림 인증 / 133

6. 열대우림을 보호하는 인증 팜유 / 138

7. 바다를 지키는 에코 라벨 / 143

PART 5 기업의 본업을 통한 생물다양성 보전 사례

1. 패밀리 레스토랑 빅쿠리동키의 식재료 조달 / 150

2. 인증제도의 선구, 유니레버 / 154

3. 세계 최대 유통업체 월마트의 변신 / 158

4. 이온의 지속가능한 조달 / 162

5. 광산업체 리오틴토의 생물다양성 옵셋 / 165

6. 생물다양성으로 부동산 가치를 높이는 세키스이하우스 / 170

7. 제조업체 리코의 생물다양성 보전 전략 / 174

8. 에스티로더의 지역사회 파트너십 / 178

9. HSBC와 미츠이스미토모 은행의 생물다양성 보전 / 182

10. 네슬레워터와 산토리의 생태계 서비스 지불 / 187

11. 푸마의 자연자본회계 / 190

에필로그 ■ 194

찾아보기 ■ 197

Part 1

우리와 가까운
생물다양성

1. 생물다양성이란 무엇인가

레오나르도 다빈치는 새의 날개와 벌을 관찰하여 비행기와 헬리콥터를 구상했다. 듀폰(Dupont)은 천연 비단을 모방하여 아름답고도 튼튼한 인공 나일론을 발명했다. 개미, 벌, 새, 상어 등 자연계의 많은 생물은 인간이 새로운 가치와 기술을 발견하는 모방의 원천이다. 땅속 조그만 미생물부터 숲을 지배하는 거대한 맹수에 이르기까지 다양한 생물은 인류의 문명과 지구 생태계를 지탱하는 데 없어서는 안 될 소중한 존재이다.

생물다양성이란 영어 'biodiversity'를 번역한 말이다. 말 그대로 얼마나 다양한 생물이 존재하는가를 나타내는 용어이다. 좀 더 전문적인 정의를 살펴보자. 세계자연보호기금(Worldwide Fund for Nature)은 "생물다양성이란 수백만여 종의 동식물, 미생물, 그들의 유전자와 환경을 구성하는 다양한 생태계를 포함하는 지구 상에 살아 있는 모든 생명의 풍요로움이다"라고 정의했다. 1992년에 채택된 생물다양성 협약에서는 "생물다양성이란 육상생태계와 해양 등의 수생태계를 포함하는 모든 생물 간의 변이성을 나타내는 것으로 종내 다양성, 종간 및 생태계 다양성을 포함한다"라고 좀 더 구체적으로 제시하였다. 여기서 종내 다양성은 유전자(gene) 다양성을, 종간 다양성은 생물종(species)의 다양성을 의미한다. 이상을 요약하면 생물다양성이란 생물의 풍요로움 또는 변이성을 나타내는 개념으로서 종, 유전자, 생태계 세 가지 수준으로 구분된다.

<지구 상의 다양한 생물>

　우리가 흔히 "다양한 종류의 생물들이 서식한다"라고 하는 것은 생물종의 다양성을 말한다. 종은 생물의 분류학적 기초 단위이다. 같은 종은 겉모습이 닮았고, 자연 상태에서 지속적으로 짝짓기를 할 수 있다. 인공교배로 암말과 수탕나귀 사이에서 태어난 노새나 수사자와 암호랑이 사이에서 태어난 라이거는 같은 종이 아니다. 이들은 자연적·지속적으로 짝짓기를 할 수 없기 때문이다.

　오늘날 지구 상에는 무수히 많은 종이 존재한다. 지금까지 밝혀진 것만 해도 약 175만 종에서 200만 종 정도이다. 그중에서 가장 많은 종이 곤충으로 97만 종이나 된다. 또, 식물이 27만 종, 원생생물이 8만 종, 균류가 7만 종 정도인 것으로 알려져 있다. 하지만 아직 밝혀지지 않은 종들이 훨씬 많다. 인간이 파악하고 있는 생물종은 고작 3~5% 정도에 불과하다는 설도 있다. 아직 발견되지 않은 종까지 합치면 지구 상에는 거의 3~5천만 종이 존재한다고 한다.

　같은 종이라 하더라도 개체마다 생김새나 구조에 차이가 있는데 이는 유전자 다양성 때문이다. 유전자 다양성은 개체들 간에 존재하는 유전적 변이성을 말한다. 예를 들어, 사람마다 머리나 눈, 피부,

키와 같은 생김새뿐 아니라 목소리, 성격 등이 다 제각각인 것은 유전자가 다르기 때문이다. 유전자 다양성은 부모의 유전정보를 다양하게 조합하여 자손에게 전달하는 유성생식을 통해 형성된다. 몸이 두 개로 나뉘는 이분법과 같은 무성생식에서는 부모와 똑같은 유전자가 자손에 전달되므로 유전자 다양성이 발생할 수 없다.

유전자 다양성은 생물의 생존력과 진화에 중요한 역할을 한다. 생물종은 유전자 다양성이 높을수록 다양한 환경 변화에 적응하기 쉬워 여러 세대에 걸쳐 생존할 가능성이 높다. 예를 들어, 기온이 급변하거나 병균이 출몰하는 등 치명적인 환경 변화가 발생하더라도 유전자 다양성이 크다면 일부 살아남는 개체군이 존재하여 종이 멸종하지 않는다.

1800년대 영국 아일랜드의 대기근 사태는 유전자 다양성의 중요성을 알려준다. 당시 아일랜드에서는 유전적으로 거의 비슷한, 즉 유전적 다양성이 낮은 감자를 재배하였다. 그런데 감자잎마름병을 일으키는 박테리아가 갑자기 출현하자 감자를 더 이상 생산할 수 없게 되었다. 이로 인해 대기근이 발생하였고 아일랜드 인구의 절반이 사망하거나 해외로 이주하였다. 유전적 다양성이 낮은 종은 환경 변화에 적응하지 못하고 한꺼번에 절멸하기 쉽다. 따라서 멸종위기종의 보전을 위해서는 개체군의 복원뿐만 아니라 유전자 다양성의 확보가 중요하다.

생물종 다양성과 유전자 다양성은 주변 환경의 영향을 받아 형성된다. 극지방과 사막에 사는 생물의 종류와 유전자가 다른 것은 생물이 환경과 끊임없는 상호작용을 하면서 진화하기 때문이다. 특정한 지역에서 살아가는 생물군과 그를 둘러싼 모든 환경요인을 통틀어 생태계(ecosystem)라고 한다. 이때 환경요인이란 생물이 살아가는 데 필수불가결한 요소인 햇빛이나 물, 대기, 토양 등을 말한다. 생태계를 연구하는 생태학(ecology)은 '집' 또는 '생활의 장'을 의미하는 그리스어 '오이코스(oikos)'에서 유래한 말이다. 지구 상에는 지형이나 기후, 강수량과 같은 환경조건의 차이에 따라 초원, 사막, 해양, 하천, 산 등 다양한 생태계가 존재한다. 각 생태계에는 독특한 환경에 적응한 생물들이 서식한다. 사막에는 건조한 환경에 적응한 선인장이나 낙타가 산다. 극지방에는 추위에 견딜 수 있는 펭귄이나 북극곰이 산다. 이와 같이 생태계에 따라 다양한 생물이 서식하는 것을 생태계 다양성이라고 한다.

생물종은 생태계 내에서 생산자, 소비자, 분해자와 같은 각각의 역할을 하며 상호 관계를 맺는다. 식물은 광합성 작용을 통하여 생태계를 순환하는 기초에너지를 생산한다. 다시 말해 식물은 자연으로부터 에너지를 만드는 생태계의 유일한 생산자이다. 식물이 생산한 에너지와 영양분은 초식동물과 육식동물, 미생물을 순환하며 생태계의 복잡한 구성과 기능을 유지한다. 이 과정에서 생물은 서로

<지구의 다양한 생태계>

먹고 먹히는 상호 관계를 유지하는데, 이를 먹이사슬(food chain) 또는 먹이그물(food web)이라고 한다. 먹이그물망이 다양한 생물로 구성되어 촘촘해질수록 생태계는 더욱 안정적이고 견고해진다. 생태계의 최상위 소비자인 인간 역시 먹이그물의 한 구성원으로서 다양한 생물과의 상호작용 속에서 살아가는 존재이다.

생물다양성은 단순히 생물종들의 집합체만을 의미하지 않는다. 생물다양성은 다양한 생물과 환경 간의 상호 관계, 그리고 유전자 변이까지 포함하는 총체적이고 동적인 개념이다. 생태계에서 어느 한 종이 멸종하면 먹이그물로 연결된 다른 종들까지 연쇄적으로 영향을 받는다. 오늘날처럼 비정상적이고 급격한 생물 멸종은 생태계의 먹이그물망을 망가뜨리기 쉽다. 이미 이상 징후들이 여러 곳에서 나타나고 있다. 이렇게 생물종들이 계속 사라지다 보면 언젠가는 먹이그물망의 구멍이 회복될 수 없을 정도로 커질지도 모른다. 그러한 상황에서는 인간의 생존 역시 위협받을 가능성이 높다. 이것이 우리가 생물다양성을 보전하고 지속가능한 이용 방안을 모색해야 하는 궁극적인 이유인 것이다.

2. 생물다양성이 주는 다양한 혜택

자연은 인간에게 많은 것을 제공한다. 식량, 의약품, 에너지, 화장품과 같이 우리가 매일 소비하는 재화의 기원을 살펴보면 생물과 무관한 것이 거의 없다. 현대 문명의 상징인 콘크리트 건물조차 그러하다. 시멘트의 주원료인 석회암도 산호 껍데기가 퇴적되어 만들어진 것이다. 석유도 식물과 조류 등이 오랫동안 해저에 퇴적되어 형성된 것이다. 또한, 자연은 기후 조절, 오염물질 정화, 가뭄이나 홍수 조절과 같이 우리가 미처 의식하지 못하지만 꼭 필요한 많은 기능을 제공한다. 이처럼 자연, 즉 생태계와 생물다양성이 인간에게 주는 다양한 혜택을 생태계 서비스(ecosystem service)라고 한다.

UN은 2005년 '밀레니엄 생태계 평가(Millenium Ecosystem Assessment)'라는 연구를 통하여 생태계 서비스의 개념을 구체화하였다. 여기서 생태계 서비스는 '인간이 생태계로부터 받는 편익(benefit)'이라고 정의되었다. 생태계 서비스는 생태계와 생물다양성을 인간 복리(wellbeing)와의 관계 속에서 규정하는 개념이다. 일반적으로 생태계 서비스는 공급 서비스(providing service), 조절 서비스(regulating service), 문화 서비스(cultural service), 부양 서비스(supporting service)의 네 가지로 구분된다.

공급 서비스는 식량, 물, 목재, 약품 등 인간 생활에 필요한 자원들을 공급하는 것이다. 자연은 인류가 생존을 유지하고 문명을 발전시키는 데 필수적인 자원을 공급해왔다. 대표적으로 식량의 대부분은 자연에서 얻은 것이다. 인간은 원래 약 8만 종 이상의 식물을 섭취하였다. 하지만 생산성을 중시하는 오늘날에는 인간 생활에 필요한 열량의 90% 이상을 단지 30여 종의 식물로부터 얻고 있다.

의약품의 대부분도 생물에서 유래한 것이다. 세계 인구의 4분의 3 이상이 자연에서 얻은 전통 의약품을 이용한다. 최초의 항생물질인 페니실린은 푸른곰팡이에서 발견되었다. 오늘날 이용되는 항암제의 약 40%는 자연 성분에서 추출된 것이다. 예를 들어, 항암제 택솔(taxol)

<생태계의 공급 서비스>

은 미국산 서양 주목나무의 껍질에서 추출되었다. 인플루엔자의 특효약인 타미플루는 중화요리의 향신료인 스타아니스(star anise)에서 추출된 시킴산(shikimic acid)이라는 원료로 만들어진다.

생태계의 조절 서비스는 공기나 물, 폐기물을 정화하거나 물의 흐름을 조절하고, 태풍, 지진 등의 자연재해를 막는 기능을 말한다. 산림이 수원을 함양하고 기후를 조절하는 서비스가 대표적인 예이다. 산림은 강우를 흡수하여 홍수를 방지한다. 토양 속 수분은 식물의 증산작용을 통해 구름과 비로 순환한다. 산림의 광합성 작용은 대기중 이산화탄소를 흡수하여 지구온난화를 억제하고, 태양열을 차단하거나 열의 방출을 막아 미기후를 조절한다. 또, 지진이나 태풍 등 자연재해로부터 안전하게 보호하는 역할도 한다. 2004년 인도네시아 수마트라 섬에서 대규모 지진과 쓰나미가 발생하여 많은 희생자가 발생하였다. 그때 피해가 컸던 곳이 양식지와 리조트 개발을 위해 맹그로브림을 벌채한 곳이었다. 맹그로브는 보통 해수와 담수가 만

<다양한 생태계 서비스를 제공하는 산림>

나는 해안선이나 하구부에서 자라는데 바람이나 쓰나미를 막아주는 안전벽의 역할도 한다.

작물의 재배도 조절 서비스에 크게 의존한다. 종자식물의 수술에 있는 꽃가루를 암술로 옮기는 수분은 대표적인 조절 서비스이다. 같은 개체에서 열매를 맺는 자가수분이나 옥수수처럼 바람을 타고 화분을 뿌리는 식물도 있지만 대부분은 벌이나 새와 같은 생물을 매개로 수분을 한다. 최근에는 농약과 외래종의 영향으로 꿀벌이 감소하는 바람에 식물의 수분이 제대로 이루어지지 않아 세계 곳곳의 농업 생산량이 커다란 타격을 받았다.

생태계는 종교나 관습, 여행, 레크리에이션과 같은 정신적·문화적 측면의 혜택도 제공하는데 이를 문화 서비스라고 한다. 인간은 자연에서 정신적 안정감을 느끼는 존재이다. 자연은 지역의 독특하고도 다양한 종교와 문화, 전통을 형성하는 중심축이다. 일부 지역에서는 소, 돼지와 같은 특정 동식물이 종교나 관습의 이유로 신성시되거나 높은 가치를 지닌다. 자연 속에서 여가나 휴가를 즐기려는 관광활동도 증가하고 있다. 지역 고유의 아름다운 경관이나 희귀한 야생동식물을 관찰하기 위한 관광객들도 늘어나고 있다.

생태계의 부양 서비스는 앞의 세 가지 서비스가 원활하게 기능하도록 지원하는 기능이다. 생태계의 공급 서비스, 조절 서비스, 문화 서비스가 제대로 작동하기 위해서는 광합성과 영양물질 순환, 물 순환, 토양 형성 등과 같은 생태계의 기반이 건강하게 유지되어야 한다. 예를 들어, 생태계를 순환하는 모든 에너지의 근원은 광합성이다. 이를 통해 햇빛 에너지가 유기물로 전환되고 식물과 동물을 거쳐 인간에게까지 전달된다. 이와 함께 생명활동에 필수적인 질소, 인, 유황 등의 영양물질도 흡수와 분해 과정을 반복하며 생태계를 순환한다.

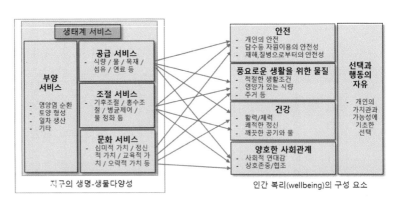

출전: Millennium Ecosystem Assessment(2005), Ecosystems and Human Well-being.

<생태계 서비스가 인간에 주는 혜택>

생태계와 생물다양성, 생태계 서비스는 밀접한 관계에 있다. 생태계가 생물과 환경을 포함하는 총체적인 시스템이라면 생물다양성은 생태계를 구성하는 요소이다. 그리고 생태계 서비스는 생태계와 생물다양성이 인간에게 주는 혜택이다. 생물다양성이 생물의 풍부함 자체를 가리킨다면 생태계 서비스는 다분히 인간 중심적이고 동적인[1] 개념이다. 인간이 알게 모르게 누리는 여러 가지 생태계 서비스는 건강한 생태계와 생물다양성으로부터 얻어진다. 생물다양성이 감소되어 생태계 먹이그물망이 훼손되고 생태계가 제기능을 못 한다면 당연히 인간이 얻는 생태계 서비스도 줄어들게된다.

3. 생태계 서비스의 경제적 가치

1990년대 초 미국에서 8명의 인간이 살 수 있는 환경을 인공적으로 만드는 실험을 하였다. '바이오스피어2'라는 이 실험에 자그마치 2억 달러나 투자되었다. 하지만 8명의 인간이 살 수 있는 공기를 안정적으로 만드는 것조차 성공하지 못하였다. 이는 인간이 숨 쉴 수 있는 공기를 비롯하여 자연이 제공하는 생태계 서비스의 경제적 가치가 엄청나다는 것을 암시해 준다.

최초로 생태계 서비스의 경제적 가치를 추정한 것은 미국 메릴랜

---

[1] TEEB의 최종 보고서(2010년)에 따르면 생태계 유용성이란 시공간에 따라 변하므로 생태계 서비스는 문화적이고 동적인(dynamic) 개념이다.

드 대학의 로버트 코스탄저(Robert Costanza) 박사였다. 코스탄저 박사는 1997년 지구 전체의 생태계 서비스의 가치가 연간 약 33조 달러에 이른다고 하였다. 당시 세계 GDP 총액인 18조 달러의 거의 두 배에 달하는 액수였다.

오늘날의 연구 결과들도 생태계 서비스의 경제적 가치가 상당함을 보여준다. 2010년에 발표된 '생태계 및 생물다양성 경제학(The Economics of Ecosystems and Biodiversity, TEEB)'의 최종 보고서에 따르면 생태계 서비스의 가치는 한 국가 GDP의 5~20%에 달한다. 특히 생태계 서비스에 대한 의존도가 높은 빈곤 국가에서는 GDP의 50~90%나 차지한다. 맹그로브림과 습지와 같은 연안생태계의 경제적 가치는 헥타르(ha)당 연간 200조에서 1,000조 달러에 이른다. 산호초의 레크리에이션 가치는 일 회당 184조 달러이고, 세계 자연보호지역의 가치는 4조 4천억 달러에서 5조 2천억 달러이다. 세계자연보호기금(WWF)은 아마존 열대우림의 생태적 가치를 1만 평방미터(m^2)당 100달러로 평가했다.

농업 생산물에 대한 곤충의 수분 매개의 경제적 가치는 연간 1,900억 달러에 이르는 것으로 추정된다.[2] 미국의 농업 부문에서 꿀벌의 수분 매개 서비스는 약 40억 달러의 가치가 있는 것으로 나타났다.[3] 미 미시간 주에서 블루베리 재배는 벌의 수분 매개에 90% 의존하는데, 그 경제적 가치는 8억 달러나 된다고 한다.[4]

---

2) Gallai, N., J.-M. Salles, J. Settele, and B. E. Vaissiere(2009), "Economic Valuation of the Vulnerability of World Agriculture with Pollinator Decline", Ecological Economics68(3): 810-821.

3) James Griffiths(2010), Making the business case for corporate action on ecosystems. In 2010 Biodiversity Issue-forum CSR international.

4) Joshua Bishop(2012), The Economics of Ecosystems and Biodiversity in Business and Enterprise, Routledge.

생태계 서비스의 손실은 커다란 경제적 피해를 가져올 수 있다. 1997년 중국 황허 강 유역에서는 무려 267일 동안이나 가뭄이 지속되었다. 그다음 해에는 양쯔 강에 홍수가 발생하여 4천여 명 이상이 목숨을 잃고 수백만 명의 이재민이 발생하였다. 이러한 대규모 가뭄과 홍수의 원인은 양쯔 강 상류에서 수십 년 동안 이루어진 대규모 산림 벌채와 과도한 경작 때문이었다. 경작지 조성과 건설용 목재를 생산하기 위해 천연림의 90% 이상이 벌채되었던 것이다. 이로 인해 토양 보전, 물 함양, 유역 보호와 같은 산림의 생태계 서비스가 손실되었다. 그 손실 비용은 입방미터(m^3)당 100달러를 넘는 것으로 나타났다.[5] 당시의 목재 가격이 입방미터(m^3)당 56달러 정도였으니, 그의 두 배 가까운 액수였다. 이에 중국 정부는 홍수 원인을 인재로 규정하고 천연림보전 프로그램을 시작하였다. 양쯔 강 상류 지역에서 산림 벌채가 금지되었고 대규모 조림이 이루어졌다. 그러자 천연림의 목재 수확은 감소하였고, 베이징의 목재 가격이 20~30%나 올랐다.

뉴욕 시의 캐츠킬(Catskill)이라는 수원지 주변은 주택지와 농경지에서 나오는 농약과 생활하수로 인해 음용수 기준을 달성하지 못할 정도로 오염된 적이 있었다. 이에 뉴욕 시는 막대한 비용을 들여 대규모 정수시설을 세우는 대신 생태계 서비스를 회복시키는 대책을 실시하였다. 우선 수원지 주변의 환경을 개선하여 배출되는 오염물질을 줄였다. 그리고 토양 흡착 및 여과 기능과 미생물을 이용한 생물학적 정화 기능을 활성화하여 수질을 회복하였

---

5) Joshua Bishop(2012), The Economics of Ecosystems and Biodiversity in Business and Enterprise, Routledge.

다. 정수시설의 건설비가 60억에서 80억 달러 정도인 것에 비해 생태계 서비스에 대한 투자비는 27억 달러 정도였고 유지비도 거의 들지 않았다. 이는 자연이 무상으로 제공하는 생태계 서비스를 회복시킴으로써 비용 절감과 수질 회복을 동시에 달성하였던 사례이다.

기존의 여러 사례들은 단기적 시장 가치를 추구하는 것보다 장기적으로 생태계 서비스에 투자하는 편이 훨씬 더 이익이라는 사실을 보여준다. 하지만 자본주의 경제체제에서 시장에서 거래되지 않는 것은 그 가치를 무시당하기 십상이다. 특히 생태계의 조절 서비스나 부양 서비스는 눈에 보이지도 않고 시장에서 거래되지 않기 때문에 그 중요성에도 불구하고 평가절하되기 쉽다. 한 예로, 산림의 수원 함양이나 대기오염 정화기능과 같은 생태계 서비스는 시장을 경유하지 않고도 얼마든지 이용할 수 있다. 돈을 지불하지 않고도 누구나 무임승차할 수 있다. 이로 인해 쉽게 오염되거나 고갈될 수 있다. 이러한 현상을 경제학에서는 시장의 실패 또는 외부불경제[6]라고 한다.

외부불경제는 대부분의 생태계 서비스가 공공재적인 성격을 지니기 때문에 발생한다. 공공재는 누구든지 이용할 수 있는 배제불가능성을 지닌다. 또, 어느 한 사람이 이용한 것과 상관없이 다른 사람이 계속 이용할 수 있는 비경합성을 지닌다. 깨끗한 물이나 공기, 아름다운 경관은 모든 사람이 경합 없이 무료로 이용할 수 있는 대표적인 공공재이다. 어업자원의 경우에는 많은 사람들이 공동으로 이용

---

6) 시장에 직접 관여하지 않은 이들이 손해나 이익을 보는 것을 외부효과라고 하고, 그중 부정적 영향을 받는 것을 외부불경제, 긍정적 영향을 받는 것을 외부경제라고 한다.

할 수 있지만 자원량에 한계가 있어 경합성을 지닌다. 이러한 자원을 공유자원이라고 한다. 한편, 목재나 식량과 같이 시장에서 거래되는 공급 서비스는 공공재가 아닌 사적 재산이므로 배제성과 경합성을 지닌다.

연구자들은 생태계 서비스의 경제적 가치를 몇 가지로 구분한다. 우선 생태계 서비스는 인간이 직간접적으로 이용할 때 발생하는 이용 가치와 이용과 관계없이 존재만으로 발생하는 비이용 가치로 구분된다. 예를 들어, 식량을 얻거나 목재를 연료로 사용하는 것은 직접적 이용 가치이다. 산림의 이산화탄소 흡수나 수원 함양 기능, 기후 조절, 물 순환 등은 간접적 이용 가치이다. 비이용 가치는 유산 가치와 존재 가치로 구분된다. 유산 가치는 미래 세대에게 소중한 자연을 남기는 가치를 말한다. 존재 가치는 인간의 이용 여부와 관계없이 생태계가 존재 자체로 소중한 가치를 지니는 것을 말한다. 옵션 가치는 현재는 이용되지 않지만 미래에 사용할 가능성이 있는 생태계 가치를 가리킨다. 예를 들어, 미래에 의약품의 원료가 될 가능성이 높은 미개발 유전자원은 옵션 가치를 지닌다.

생태계 서비스의 경제적 가치를 정량적으로 평가하기 위한 여러 가지 방법이 있다. 공원과 같은 환경자원이 토지가격에 미치는 영향으로부터 가치를 추정하는 헤드닉 가격법, 관광지의 방문객이 지불하는 여행비용으로부터 가치를 추정하는 여행비용법, 환경보전을 위해 지불할 수 있는 금액으로부터 평가하는 지불의사액평가법(WTP) 등이 널리 사용되고 있다. 이러한 방법들은 생태계 서비스의 총체적인 가치보다는 특정한 범위의 가치를 평가하는 데 사용된다.

산호초의 아름다움에 매료되어 깊은 바닷속으로 들어가는 스킨스 쿠버들이 늘어나고 있다. 하지만 그 영향으로 산호초가 급격히 사멸되고 많은 해양생물들이 서식처를 잃어가고 있으며, 경제적 손실 또한 막대하다는 것을 인식하는 사람은 그리 많지 않다. 생물다양성을 보전하기 위해서는 우선 '자연은 공짜다'라는 인식에서 벗어나야 한다. 자연을 무한정 이용할 수 있었던 지난 세기와는 달리 21세기에는 생물다양성과 생태계 서비스의 경제적 가치를 시장경제체제로 내부화하기 위한 여러 가지 규칙이 작동하게 될 것이다.

4. 여섯 번째 대멸종인가

2011년 영국의 과학저널 네이처지는 지구에서 여섯 번째 생물 대멸종이 일어나고 있다고 발표했다. 미국 캘리포니아 대학교 버클리 캠퍼스의 앤서니 바노스키 교수 연구팀의 연구 결과를 토대로 한 것이었다. 연구팀은 화석시대와 현재의 포유류 멸종 추이를 비교하였다. 과거 화석시대의 포유류는 100만 년 동안 2종 정도가 멸종하였지만, 최근 500년 동안에는 80종이나 멸종하였다. 바노스키 교수는 현재의 생물다양성 감소 추세가 지속된다면 300년에서 2000년 안에 여섯 번째 대멸종이 현실화될 수 있다고 경고했다.

환경 변화 등으로 생물종이 멸종하고 새로운 종이 나타나는 것은 자연적인 현상이다. 46억 년의 지구 역사상 많은 생물종이 사라지고 새로운 종들이 출현하였다. 하지만 생물종의 75% 이상이 사라지는 대멸종기에는 단기간에 비정상적으로 많은 종이 멸종하고 새로운 종의 생성 속도도 급격히 떨어졌다. 지금까지 지구 역사상에는 다섯 차례의 대멸종이 있었다. 최대의 대량 멸종이 일어난 것은 2억 5천만 년 전인 고생대 후기로 90% 이상의 생물종이 멸종했다. 또, 6,500만 년 전의 백악기 말에는 공룡이 멸종하였다.

2007년 5월 유엔 생물다양성 협약의 아흐메드 조글라프(Ahmed Djoghlaf) 사무국장은 "지구는 현재 공룡 멸종 이래 최대의 멸종사태를 겪고 있다"고 말했다. UN이 2010년 5월에 발표한 '제3차 세계 생물다양성 전망(Global Biodiversity Outlook)' 보고서는 이 사실을 뒷받침해준다. 이에 따르면 현재 지구 상의 조류 1만여 종, 양서류 6만여 종, 포유류 5천여 종이 멸종위기에 직면해 있다. 생물의 멸종 속도도 이전에 비해 1,000여배나 빨라졌다. 예전에는 1,000년에 한 종 정도가 멸종하였지만 1600년부터 1900년대까지는 4년에 1종, 1975년경에는 매년 1,000여 종이 멸종하였다. 오늘날에는 매년 4만여 종이 멸종하고 있다. 이는 하루에 약 100여 종의 생물이 지구 상에서 사라지는 것을 의미한다. 생물종의 존속기간도 점점 짧아지고 있다. 예전에는 한 생물종이 대략 100만 년 이상 존속하였으나 최근에는 평균 1만 년 정도만 존속한다. 놀라운 것은 앞으로 멸종 속도가 더욱 가속화될 거라는 전망이다.

국제자연보호연맹(IUCN)은 수천 명의 전문가 정보에 기초하여 멸종위기에 처한 동식물의 실태를 적색목록(Red list)으로 발표한다. 국제자연보호연맹(IUCN)의 적색목록은 멸종위험도에 따라 종을 8개 범주7)로 구분한다. 종의 멸종위험도는 개체군의 규모와 구조, 감소속도, 분포지역, 생존능력 등을 고려하여 정량적으로 평가된다. 2009년 국제자연보호연맹(IUCN)이 평가한 47,677종 가운데 36%가 멸종위기종이었다. 특히 식물의 경우 평가된 12,055종 중에서 70%가 멸종위기에 처해 있는 것으로 밝혀졌다.

세계자연보호기금(WWF)이 발표하는 '지구생명지수(Living Planet Index)'도 생물다양성의 감소 현황을 알려준다. 이 지수는 2,300여 종의 포유류, 조류, 파충류, 양서류, 조류 개체군을 모니터링하여 1970년을 기준으로 한 개체 수 변화를 나타낸다. 2008년도 보고서에 따르면 1970년부터 2005년까지 지구 전체의 지수 값이 약 30% 감소하였다. 열대지역에서는 더욱 심각하여 60%나 감소하였다. 산업혁명을 거치면서 이미 많은 생물종이 멸종한 온대지역에서는 일부 생물종의 개체 수가 회복되어 다소 증가하는 추세를 보였다.

생물은 서로 연관되어 있어 한 종의 멸종이 연쇄적으로 다른 종의 멸종을 초래할 수 있다. 도도새 이야기는 인간에 의한 생물종의 멸종 사례로 잘 알려져 있다. 아프리카 동쪽의 모리셔스 섬에 살던 도도새는 인간을 비롯한 포식동물이 없어 날개가 퇴화한 새였다. 그런데 16세기 초 유럽 사람들이 섬에 들어와 식량 제공을 위해 도도새를 무분별하게 사냥하였다. 이때 사람들과 함께 원숭이, 쥐 등도 섬으로 유입되었다. 결국 인간의 남획과 외래종의 영향으로 인간이 섬에 들어온 지 약 100년 만에 도도새는 멸종하고 말았다. 그 후 모리셔스 섬에 있던 카바리아(Calvaria)라는 나무도 점차 개체 수가 줄어

---

7) 절멸종(Extinct), 자생지 절멸종(Extinct in the Wild), 심각한 위기종(Critically Endangered), 멸종위기종(Endangered), 취약종(Vulnerable), 위기 근접종(Near Threatened), 관심 필요종(Least Concern), 자료 부족종(Data Deficient).

들기 시작하였다. 과학자들이 그 원인을 추적해보니 이 나무의 발아에 도도새가 중요한 역할을 했기 때문이었다. 카바리아의 씨앗은 단단한 껍질로 만들어져 있어 도도새가 그 씨앗을 먹고 배설하는 과정에서 발아를 도왔던 것이다. 도도새가 사라지자 나무는 더 이상 씨앗을 발아시키지 못해 개체 수가 줄어들었다. 그 이후로 이 나무는 '도도나무'라고도 불린다.[8]

생물다양성의 감소와 함께 생태계 서비스도 지속적으로 손실되고 있다. 예를 들어, 산림이 개발되면 그동안 얻어온 땔감이나 나물 등의 공급 서비스는 물론, 대기 정화 및 온실가스 흡수, 수원 함양 등의 조절 서비스도 받을 수 없게 된다. UN의 밀레니엄생태계연구팀은 1950년부터 2000년까지 50여 년 동안 24종류의 생태계 서비스의 변화를 추적하였다. 그 결과 15가지의 생태계 서비스가 악화되었고, 5가지는 증가와 감소를 반복하였다. 나머지 4가지 생태계 서비스는 증가하였는데, 이는 곡물 생산, 가축 생산, 수산 양식 등의 식량 생산과 관련된 것이다. 식량 생산을 위한 농경지나 목장, 양식지의 개발이 산림 파괴와 담수 사용, 농약 오염 등과 같은 다른 생태계 서비스의 손실을 초래하였기 때문이다.

---

8) 도도나무의 개체 수 급감에 대하여 도도새의 멸종뿐 아니라 외부생물의 유입이나 균류에 의한 씨앗 오염 등 다른 원인도 고려해야 한다는 학자들의 의견도 있다.

<생태계 서비스의 현황>

기능	구분	변화	비고
공급 서비스			
식량	곡물	▲	생산량이 크게 증가
	가축	▲	생산량이 크게 증가
	어획	▼	과도한 어획에 의한 생산량 감소
	수산양식	▲	생산량이 크게 증가
	야생동식물자원	▼	생산량이 감소
섬유	목재	+/-	지역별로 산림이 감소하거나 증가
	면, 마 등	+/-	섬유별로 생산량이 감소하거나 증가
	목질연료	▼	생산량이 감소
유전자원		▼	멸종과 작물 유전자원의 손실에 의한 감소
생화학물질, 자연작품, 의약품		▼	멸종과 과도한 섭취에 의한 감소
물	담수	▼	음용, 공업용, 관개용 사용
조절 서비스			
대기질 조절		▼	대기의 자정능력 저하
기후 조절	지구 전체	▲	20세기 중반 이후 탄소고정원이 됨.
	지역 및 지방	▼	마이너스 영향이 더 큼.
물의 제어		+/-	생태계 변화와 장소에 따라 다름.
토양침식 제어		▼	토양악화 진행
물 정화, 폐기물 처리		▼	수질 저하
질병 예방		+/-	생태계 변화에 따라 다름.
병충해 제어		▼	살충제 사용에 의해 자연의 제어능력 저하
화분 매개		▼	화분 매개자의 수가 세계적으로 감소
자연재해 방호		▼	자연완충지대(습지, 맹그로브)의 소실
문화적 서비스			
정신적·종교적 가치		▼	신성한 임지와 생물종이 급격히 감소
심미적 가치		▼	자연 토지가 질적·양적으로 감소
레크리에이션 및 생태관광		+/-	이용 가능한 지역이 많아지지만 많은 곳의 질이 저하

출전: Millennium Ecosystem Assessment(2005), Ecosystems and Human Well-being.

이 외에도 최근의 과학적 연구는 생물다양성과 생태계 서비스의 감소가 계속되어 생물뿐 아니라 인간의 지속가능한 생존마저 위협하고 있음을 보여준다. UN은 2011년부터 2020년까지를 '생물다양성 10년'으로 선포하였다. 여섯 번째 대멸종설을 제기한 미 캘리포니아대 앤서니 바노스키 교수는 인간이 대량 멸종을 유발한 종으로 기록되길 원치 않는다면 생물종들의 보호대책을 서둘러야 할 때라고 했다. 다행히 행동하기에 아직 너무 늦은 건 아니라고 한다.

5. 종 멸종의 99%는 인간활동 때문

과거에 일어난 다섯 번의 대멸종은 주로 운석 충돌, 화산활동, 기온의 급격한 변화와 같은 자연적인 원인 때문에 발생했다. 지구 상의 생명이 가장 큰 위기에 처했던 2억 5천만 년 전의 세 번째 대멸종은 대규모 화산활동 때문이었다. 유독한 화산가스가 생물의 호흡계와 신경계를 마비시키고 화산재가 태양광을 차단하였다. 공룡이 지구 상에서 사라진 다섯 번째 대멸종은 직경 10km의 거대한 운석이 멕시코 유카탄 반도 근처에서 충돌했기 때문이었다. 이로 인해 태양광이 차단되어 기온이 급격히 내려가고 광합성이 중단되자 많은 생물들이 멸종할 수밖에 없었다. 하지만 오늘날의 생물다양성 감소는 99.9%가 인간활동 때문이라고 한다. 지속 불가능한 형태의 토지 개발, 기후변화, 환경오염, 남획, 외래종 침입이 생물다양성을 급격히 감소시키는 주요 원인으로 지목되고 있다.

토지 개발은 공장이나 주택, 농경지, 양식장 등을 개발하기 위해 인위적으로 산림을 개간하는 행위이다. 토지 개발은 기존의 생태계를 변화시키고, 서식지를 분단하여 생물의 서식 환경을 악화시킨다. 매년 전 세계에서 수백만 헥타르(ha)의 산림이 개발되고 있다. 최근 300년 동안 전 세계 산림의 40%나 손실되었다.[9] 특히 열대림의 경우 다양한 규제에도 불구하고 화전농업, 목재생산, 기름야자 재배 등을 위해 매년 1,300만 헥타르(ha)가 사라지고 있다. 지구의 허파라 불리는 아마존 열대우림의 손실은 최고의 환경재앙이라 해도 과언이 아닐 것이다. 브라질 국립우주연구소가 1990년 이후부터 인공위성 화상을 분석한 결과 아마존 유역의 전체 산림면적에 대한 누계 산림감소율이 거의 20%에 육박하고 있었다. 이에 브라질 정부는 연간 산림감소율을 2020년까지 80% 감소시킨다는 목표를 세우고 추진중에 있다.

화석연료의 과다 사용에 따른 지구온난화도 생물다양성의 감소를 초래한다. 지구의 기온상승으로 인한 강우 패턴의 변화와 국지적 호우, 허리케인의 빈도 증가는 동식물의 생식과 성장에 영향을 미친다. 온도나 강우 주기가 불규칙해지면 식물은 제때 개화하지 못하여 다음 세대를 남기지 못한다. 또, 기온이 상승하고 건조해지면 식물은 기공을 닫아 수분 증발을 막는다. 그러면 이산화탄소를 흡수하기 어려워지고 광합성 속도가 느려져 생태계 전체에 악영향을 미치게 된다.

기후변화에 관한 정부 간 패널(Intergovernmental Panel on Climate Change, IPCC)은 제4차 보고서에서 1980년부터 1999년까지의 세

9) UN(2010), global biodiversity outlook 3.

계 평균 기온의 상승 정도에 따른 생태계 영향을 예측하였다. 이에 따르면 기온이 1.5℃에서 2.5℃ 이상 상승하면 생물종의 약 20~30%가 멸종할 가능성이 높다. 또, 기후변화에 따라 해수온이 2℃ 올라가면 산호초가 사멸하게 된다. 산호초는 열대우림과 맞먹을 정도로 생물다양성이 풍부하고 생물의 먹이 및 번식 장소로 중요하다. 하지만 산호초는 이미 최근 수십 년 동안 20%나 손실되었고, 이대로 가면 2030년까지 산호초의 60%가 손실되고 2050년까지 거의 전멸할 거라고 한다.[10]

농약과 비료와 같은 화학물질의 사용 증가에 따른 환경오염도 생물다양성에 치명적인 영향을 미친다. 독성 화학물질은 생물의 생리작용과 성장을 저해한다. 일상생활과 산업용으로 쓰이는 화학물질이 점점 증가하면서 관련 환경기준과 규제도 발전하고 있다. 하지만 대부분의 국가에서 도입된 화학물질 환경기준은 주로 사람의 건강을 기준으로 정해진 것이라 생물에 미치는 영향은 충분히 고려되지 못했다. 특히 환경호르몬과 같은 내분비 교란물질은 아주 미량으로도 장기간 영향을 미칠 수 있다.

최근 전 세계적으로 꿀벌 개체 수가 현격히 감소하고 있는데, 그 원인중의 하나가 네오니코치노이드(Neonicotinoid)라는 농약이다. 이 농약은 인간을 비롯한 포유류에 미치는 독성은 낮으나 곤충에는 선택적으로 독성을 발휘한다. 꿀벌이 감소하면 관련된 생태계 서비스도 손실되고, 이는 경제적 피해로 이어진다. 꿀벌이 제공하는 것은 벌꿀과 로열젤리뿐만 아니다. 더욱 중요한 것은 식물의 수분을

---

10) Millennium Ecosystem Assessment(2005), Ecosystems and Human Well-being. Opportunities and Challenges for Business and Industry.
  -www.millenniumassessment.org/documents/document.356.aspx.pdf

매개하는 역할이다. 식물은 꿀벌에게 꿀을 제공하고 꿀벌은 화분을 다른 꽃으로 이동시켜 수분을 매개한다. 꿀벌이 죽으면 식물이 열매를 맺지 못하고, 그 열매를 먹는 동물도 식량을 잃어버린다. 국제수역사무국(OIE)에 따르면 꿀벌은 식용식물의 3분의 1의 재배 과정에 관여한다. 꿀벌의 감소로 아몬드와 메론, 수박 등의 작물 생산에 커다란 경제적 타격을 받는 사례가 각지에서 보고되었다.

생태계의 허용용량을 초과하여 생물종을 과다 포획하는 남획은 멸종을 유발하는 직접적 요인이다. 중남미 원산의 마호가니는 나뭇결이 아름다워 고급 가구와 악기 재료로 인기가 높았다. 마호가니의 남벌이 심각해지자 워싱턴 조약[11]이 국제 거래를 제한하였다. 동남아시아 원산의 티크(teak)도 매우 견고하고 습기에 강한 고급 목재로 가구와 내장재에 쓰인다. 하지만 티크는 성장이 느리기 때문에 불법 벌채가 횡행하여 멸종이 우려되고 있다. 코끼리 상아, 코뿔소의 뿔, 호랑이, 악어, 뱀 등도 가죽이나 액세서리용으로 인기가 높아 남획되고 있다.

수산자원의 집중 어획도 심각한 실정이다. 해저에 있는 수산물을 마구잡이식으로 잡아들이는 대형 트롤선을 이용한 저인망 어업이 세계 도처의 어류 개체군을 감소시키고 있다. 대구나 참치, 황새치 등의 주요 종들은 거의 고갈 상태에 이르렀다.[12] 특정 종의 멸종은 장기간에 걸쳐 생태계를 변화시킨다. 캐나다 동부 해양에서는 거의

---

11) 정식 명칭은 "절멸위기에 처한 야생동식물의 국제거래에 관한 협약(Washington Convention on International Trade in Endangered Species of Wild Fauna and Flora, CITES)"으로 1973년 워싱턴 국제회의에서 채택됨.

12) Bishop, J., Kapila, S., Hicks, F., Mitchell, P. and Vorhies, F.(2008), Building Biodiversity Business, Shell International Limited and the International Union for Conservation of Nature: London, UK, and Gland, Switzerland.

400여 년 동안 안정적이었던 대구 개체 수가 1960년대에서 1980년대 사이 집중 어획으로 급격히 감소했다. 1992년 대구 어업이 금지되었지만 아직 회복되지 않아 새우나 게와 같은 먹이사슬의 하위 단계인 종들이 우점하고 있다. 한 번 멸종된 종은 다시 회복되기 어렵다. 세계식량농업기관(FAO)[13]에 따르면 수산자원 중 이미 고갈된 것이 7%, 과도한 남획이 이루어지는 것이 17%, 자원량이 거의 바닥날 정도인 것이 52%이다. 이러한 추세로 간다면 2050년경에는 식탁에서 생선이 사라질 거라는 예측마저 있다.

외래종의 유입은 지역 고유의 생물종에 영향을 미친다. 외래종이란 한 지역에 원래 없었던 생물이 인위적으로 유입된 종을 말한다. 특히 유입된 지역에서 분포가 확대되어 재래종을 멸종시키며 생태계에 악영향을 미치는 종을 '침략적 외래종' 또는 '침입종'이라고 한다. 침략적 외래종은 서식지나 먹이 등의 환경자원을 두고 고유종과 경쟁한다. 우리나라에서도 자연적·인위적으로 유입된 외래종이 2010년 말 기준으로 약 1,100여 종에 이른다.[14] 그중 생태계 교란종으로 지정된 외래종은 16종으로 붉은귀거북과 큰입배스 등이 이에 속한다. 이 종들은 수서곤충과 어류 등의 고유종을 마구 잡아먹어 개체 수를 감소시키고, 생태계를 교란시킨다.

외래종은 의도적 또는 비의도적으로 유입된다. 의도적인 경우는 플랜테이션이나 양식을 위하여 다른 지역에서 대량으로 외래종을 들여오는 것이다. 예를 들어, 낚시용 블랙배스나 식용 황소개구리의 경우 야외에서도 크게 번식하여 고유 생태계에 큰 영향을 미쳤다.

---

13) FAO(2005), Review of the state of world marine fishery resources.
14) 환경부(2010), 한국의 생물다양성 보고서.

비의도적인 경우는 사람이나 물건이 이동할 때에 외래종도 함께 이동하는 것이다. 글로벌 경제활동이 증가하면서 비의도적인 외래종 유입이 증가하고 있다. 화물의 운반 과정에서 컨테이너나 트럭, 타이어, 자갈이나 모래에 외래종이 부착되어 유입되는 경우도 있다. 선박의 균형을 잡기 위한 선박평형수(ballast water)도 한 예이다. 기항지에서 선박평형수를 버리면 이전 지역의 해수가 대량으로 쏟아지면서 외래 생물들도 함께 바다로 유입된다. 이로 인한 해양 생태계 교란이 문제시되자 국제해사기구(IMO)는 선박평형수 관리 조약을 채택하고 규제를 시작하였다.

©SuperJew.

<침략적 외래종 붉은귀거북>

Part 2

생물다양성과
비즈니스의 관계

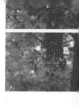

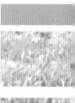

1. 비즈니스의 영향과 의존

농업은 토양이나 해충 조절, 수분 매개 등의 생태학적 과정에 의존한다. 관광업에는 아름다운 경관이나 자연자원이 필수적이다. 깨끗한 물은 대부분의 산업을 지탱하는 중요한 원료이다. 사실 어떠한 방식으로든 생태계 서비스를 이용하지 않는 기업활동을 찾아보기 어렵다.[1] 세계식량농업기구(FAO)에 따르면 세계 경제활동의 약 40%가 생물자원에 직접 의존한다.[2]

기업활동은 자연에 의존할 뿐 아니라 많은 영향을 미친다. 대부분의 기업은 부지와 설비 건설, 원재료 조달, 판매 및 유통, 연구개발, 제품 사용과 폐기 등 전 과정에 걸쳐 생물다양성에 영향을 미친다. 설사 생물자원을 직접 사용하지 않는 기업이라 하더라도 토지와 에너지를 사용하고, 공급망이나 유통, 투자 과정 등을 통하여 간접적으로 생물다양성에 영향을 미칠 수 있다. 우리가 맛있게 먹는 새우는 동남아시아의 맹그로브림을 벌채하고 만든 양식장에서 생산된 것일지도 모른다. 집 안을 장식하는 품위 있는 가구는 열대림을 벌채하여 만들어졌을 수도 있다. 또, 달콤한 휴식을 주는 초콜릿에 오랑우탄의 서식지를 위협하는 팜 오일이 들어 있을 가

---

1) Craig Hanson, Janet Ranganathan, Charles Iceland and John Finisdore(2008), The corporate ecosystem services review: Guidelines for Identifying Business Risks and Opportunities Arising from Ecosystem Change. WRI, WBCSD and Meridian Institute, Washington, DC. James Griffiths(2010), Making the business case for corporate action on ecosystems: In 2010 Biodiversity Issue-forum CSR international.

2) FAO(2004), The future of agriculture depends on biodiversity, http://www.fao.org/newsroom/en/focus/2004/51102/index.html

능성도 있다.

산업별로 살펴보자. 우선 광업은 광범위한 토지를 파헤치고 암석을 채굴하므로 서식지 파괴와 수자원 악화 등을 초래한다. 암석 채굴은 지표면의 식생과 토양, 암석을 제거하는 노천채굴(surface mining) 또는 터널이나 갱로를 파는 지하채굴(underground mining)로 이루어진다. 이 과정에서 산성용액이나 솔벤트와 같은 화학약품을 주입하기도 하고 발파 작업을 하기도 한다. 채취된 광물에서 불순물을 제거하고 원하는 크기와 모양으로 정련하는 과정에서도 많은 분진과 폐기물이 발생하고 대량의 물을 사용한다. 특히 물의 안정적 공급은 광산 개발의 중요한 조건이어서 광산 주변에 댐을 미리 건설하기도 한다. 정련된 금속을 수송하기 위한 파이프라인과 철도, 항만 등의 인프라도 필요하다. 게다가 광물이 풍부한 지역은 주로 생물다양성도 풍부하다. 전 세계 주요 광산의 4분의 1은 엄격한 자연보호지역으로부터 10km 반경 이내에 위치하고, 3분의 1은 보전 가치가 높은 생태계 구역 내에 위치한다.[3] 세계자원연구소(World Resource Institute)에 따르면 조업 중인 광산의 10%, 심사 중인 광산의 20%가 북위 35도에서 남위 40도 사이의 생물다양성 핫 스팟(hot spot)에 위치하고 있다.

농업 역시 대규모 산림 벌채와 농약 사용, 집약적 작물 생산에 의해 생태계에 영향을 미친다. 일반적으로 농업 생산성은 토양 미생물, 수분 매개 곤충, 해충 천적, 작물의 유전자 다양성, 담수 공급, 영양염 순환 등의 생태계 서비스에 전적으로 의존한다.[4] 농지는 그 자체

---

3) WRI(2003), Mining and critical ecosystems: mapping the risks.
4) UNEP(2010), Are you a green leader? Business and biodiversity: making the case for a lasting

로 하나의 생태계이다. 농지를 중심으로 다양한 생물들이 상호작용하는 건강한 생태계 속에서 건강한 작물을 재배할 수 있다. 하지만 살충제와 농약에 의존하며 수익성이 높은 종 위주로 재배하는 오늘날의 농업 방식은 전통적 생태계의 상호작용과 풍요로움을 거의 잃어버렸다. 작물의 다양성도 감소되어 오늘날 전 세계 인구는 단지 30여 종의 작물로부터 90%의 열량을 얻고 있다.[5] 작물의 단순화는 기후변화, 해충 등의 환경 변화에 견딜 수 있는 내성을 약하게 하고, 토양을 척박하게 한다. 그래서 오늘날의 농지는 대규모 에너지와 자본이 투입됨에도 불구하고, 생태학적으로는 매우 빈약하기 짝이 없다.

지난 30여 년간 해산물 수요는 두 배나 증가하였다.[6] 이를 충당하기 위하여 해양 및 담수 어획고의 75%가 남획되거나 그에 준하는 상태가 되었다.[7] 전 세계 어장의 19%는 과다 이용되었고, 9%는 고갈되었거나 회복되는 중이다.[8] 부수 어획(by-catch),[9] 심해 저인망 어획(bottom trawling), 시안화물 어업(cyanide fishing), 다이너마이트 어업(dynamite fishing) 등 생태계를 배려하지 않는 어획 방식이

solution.

5) UNEP(2007), Fourth Global Environment Outlook: Environment for Development Section B: State-And-Trends of the Environment 1987-2007: Chapter 5: Biodiversity.
http://www.unep.org/geo/geo4/report/05_Biodiversity.pdf

6) WRI(2004), Fishing for Answers: Making Sense of the Global Fish Crisis, p.vii(available from pubs.wri.org/fishingforanswers-pub-3866.html).

7) Bishop, J., Kapila, S., Hicks, F., Mitchell, P. and Vorhies, F.(2008), Building Biodiversity Business, Shell International Limited and the International Union for Conservation of Nature: London, UK, and Gland, Switzerland.

8) FAO(2008), State of the World's Fisheries and Aquaculture 2008, Part 1 World Review of Fisheries and Aquaculture.
ftp://ftp.fao.org/docrep/fao/011/i0250e/i0250e01.pdf

9) 다른 어류들을 잡는 과정에서 의도하지 않게 부수적으로 잡힌 어획물.

민감한 해양 서식지를 파괴하고 있다.

해양생물의 고갈에 대한 대안책으로 여겨지는 양식업은 또 다른 환경문제를 유발하고 있다. 새우나 굴 등의 양식 수산품에 대한 수요 역시 빠르게 증가하여 양식업은 1984년 이후 매년 11%나 성장하였다. 오늘날 전 세계에서 유통되는 수산품의 절반 정도는 양식된 것이다.[10] 빠른 수요에 대처하기 위한 집약적 양식은 지하수위를 낮추고 침략적 외래종을 확산시키는 것과 같은 여러 가지 환경오염과 질병을 유발한다.

전통적인 조방양식과 달리 집약양식은 주변 산림을 벌채하여 연못을 조성하고 인공 사료를 사용하여 양식한다. 집약양식은 1헥타르(ha) 이하의 좁은 공간에서 수십만 마리를 기르기 때문에 질병과 오염을 막기 위해 항생물질이나 영양제를 투여해야 한다. 양식어의 먹이로 공급해야 하는 육식성 어류 또한 해양생태계에 부담을 준다. 예를 들어, 1킬로그램(kg)의 물고기나 새우 양식에 대략 2킬로그램(kg)의 어분이 필요하여 결과적으로 어류 단백질의 순손실을 초래한다.[11]

전 세계 양식수산물의 90% 이상을 생산하는 아시아의 담수나 연안 지역에서는 양식업에 의한 여러 가지 피해 사례가 보고되고 있다.[12] 태국에서는 1987년부터 6년간 해안가 맹그로브림의 17%가 새우 양식지로 전환되어 지하수위가 급격히 낮아졌다. 중국은 양식

---

10) 金子憲治 藤田香 本気で向き合う生物多様性, Nikkei Ecology, 2009.11. pp.26~41.

11) Holmes, B.(1996), Blue Revolutionaries, New Scientist (7 December 1996): 34.

12) De Silva et al.(2009), Alien Species in Aquaculture and Biodiversity: A Paradox in Food Production. Ambio Vol.38 (1) 24-28.
http://library.enaca.org/genetics/papers/de_silva_et_al_2009.pdf

업에 따른 환경문제가 심각해지자 경작지를 양식용 연못으로 전환하는 것을 규제하기 시작했다.

반면에 환경친화적인 조방양식은 양식 밀도가 낮아 화학약품을 투입하지 않아도 더 크고 단단하며 건강한 새우를 생산할 수 있다. 인도네시아 타라칸 섬에서는 주변 맹그로브림을 보존하고 그곳에 서식하는 플랑크톤과 조류 등을 먹이로 새우를 기른다. 이와 같이 조방양식으로 생산된 새우는 일반적으로 더 비싸게 판매되는 경향이 있다.

제약사업도 생물다양성에 대한 의존도가 매우 높다. 예로부터 의약품의 성분은 다양한 동식물과 미생물에서 추출되었다. 서양 의약의 발달로 화학약품의 합성 기술이 발전했지만 천연자원의 중요성은 여전하다. 1981년에서 2006년 사이에 개발된 항암제의 절반과 소분자 신약의 3분의 1이 천연제품이거나 그로부터 직접 추출된 것이다.[13] 진통제 아스피린은 버드나무 껍질(willow bark)에서, 항암제 파크리탁셀(paclitaxel)은 주목나무에서 추출된 것이다. 중국의 전통의약에는 호랑이, 코뿔소, 흑곰, 사향노루, 해마 등 멸종위기종을 포함한 36여 종의 동물들과 거의 천여 가지 식물들이 활용된다.

---

13) Joshua Bishop(2012), The Economics of Ecosystems and Biodiversity in Business and Enterprise, Routledge.

©Nancy Lankford.

<항암제 택솔의 원료인 주목나무(Pacific Yew Tree)>

생물다양성의 손실은 전통 의약뿐 아니라 미래의 신약 개발에도 영향을 미친다. 최근에 항암제 택솔이 발견된 주목나무(Pacific Yew)는 이전에는 상업적 가치가 없어 무시되었던 식물이다. 동식물의 의약적 특성을 분석하고 신약을 개발하는 데에는 많은 비용과 시간이 걸린다. 문제는 중요한 의약품으로 개발될 잠재력을 지닌 생물종이 채 발견되기도 이전에 멸종하고 있다는 점이다. 생물다양성의 감소는 인류의 질병을 치료할 미래의 신약 개발 가능성이 줄어드는 것이나 마찬가지이다. 현재의 동식물 멸종 속도는 2년마다 한 개의 의약품을 잃어버리는 것에 맞먹는다.[14]

화장품 산업도 자연에서 추출한 천연성분을 많이 이용한다. 향수의 아로마 성질, 모이스춰링, 노화방지 등에 많은 생물종들이 사용된다. 꿀, 케라틴, 콜라겐, 스콸렌은 동물종을 이용한 화장품이다. 인도네시아의 백단유(sandalwood)나 브라질의 자단목(rosewood)의 에센셜 오일은 독특한 향기가 있어 향수를 만드는 데 많이 사용된다. 해초와 같은 식품을 화장품 재료로 사용하는 경우도 증가하고 있다. 건강에 대한 관심 증가로 천연성분으로 만든 화장품의 인기는 점점 더할 것이다.

관광산업은 해안이나 산호초, 동식물, 경관과 같은 자연자원에 의존한다. 관광은 2010년 글로벌 GDP의 9% 이상을 차지할 만큼 규모가 큰 산업이다.[15] 특히 개발도상국에서 관광은 주민의 생계 수단으로도 중요하다. 세계 40여 개의 빈곤지역에서 관광은 오일 다음으

---

14) UNEP-WCMC(2002), World Atlas of Biodiversity: Earth's Living Resources for the 21st Century.

15) Joshua Bishop(2012), The Economics of Ecosystems and Biodiversity in Business and Enterprise, Routledge.

로 외화를 벌어들이는 수단이다.16) 하지만 인도네시아 등 세계의 주요 관광지는 생물다양성 핫 스팟(hot spot)인 경우가 많다. 관광지에 조성되는 호텔이나 공항, 도로, 골프장, 쇼핑센터는 생물 서식지를 파괴하기 쉽다. 야생생물을 관찰하는 관광활동 자체도 생물의 산란을 방해하거나 다른 악영향을 미칠 가능성이 높다. 카리브 해의 산호초는 기후변화와 다이버 관광 등으로 지난 30여 년 동안 80% 이상이나 감소하였다.

광범위하고 다양한 경제활동 과정에서 인간은 자연계에 거대한 생태발자국(ecological footprint)을 남긴다. 생태발자국이란 특정 지역의 경제활동 규모를 토지와 해양의 표면적으로 환산하여 나타내는 방법이다. 전 세계의 생태발자국은 1961년부터 2005년까지 꾸준히 증가하였다. 국제 환경단체인 지구생태발자국네트워크(Global Footprint Network)는 2012년 8월 22일 '지구의 자연 예산을 초과한 날(earth overshoot day)'이라고 발표하였다. 나머지 4개월 이상은 지구에 빚을 지는 생활인 것이다. 현대 인류가 자연자원을 소비하는 양은 지구가 1.5개는 있어야 감당할 수 있을 정도이다.17) 작금의 눈부신 경제활동은 생태계의 손실 비용을 떠넘기며 이루어지는 셈이다.

---

16) Bishop, J., Kapila, S., Hicks, F., Mitchell, P. and Vorhies, F.(2008), Building Biodiversity Business, Shell International Limited and the International Union for Conservation of Nature: London, UK, and Gland, Switzerland.

17) 세계자연보호기금(WWF).

2. 생물다양성은 리스크이자 기회

2010년 세계경제포럼이 발행한 "글로벌 리스크 2010"에서는 전 세계 주요 리스크의 하나로 생물다양성 손실을 꼽았다. 또, 2010년 컨설팅 기관 PwC의 조사에 따르면, 전 세계 비즈니스 리더 1,200명 중 약 27%가 생물다양성 손실이 비즈니스에 미칠 악영향을 우려하고 있다.[18] 이는 글로벌 경기 회복이나 규제 과다, 에너지 비용과 같은 다른 경영 리스크에 비해서는 상대적으로 낮은 수준이지만, 결코 무시할 수 있는 요인은 아니다. 오늘날 비즈니스에는 생물다양성 및 생태계와 관련된 리스크와 함께 중요한 기회들이 공존하고 있다. 생물다양성은 기업의 책임과 의무, 리스크 요인이면서 동시에 지속가능한 경제적 이익을 가져올 수도 있는 기회를 내포하고 있다.

이러한 추세는 환경과 생태계를 중시하는 소비자의 증가와도 관련이 깊다. 최근의 가치 지향적 소비자들은 환경친화적이고 윤리적 제품을 선호한다. 특히 원재료에 대한 관심이 높아 지속가능한 재료를 사용하지 않는 제품은 구매하지 않으려는 소비자들이 늘어나고 있다. 2010년 '윤리적 생물거래를 위한 연합(Union for Ethical BioTrade)'의 조사에 따르면 전 세계 소비자의 81%가 윤리적 원료 공급을 무시하는 기업 제품을 구매하지 않겠다고 응답했다. 호랑이나 곰과 같은 멸종위기종에 미치는 영향을 우려하여 중국의 전통 약제나 모피 옷에 대한 수요도 감소하고 있다.

---

18) Joshua Bishop(2012), The Economics of Ecosystems and Biodiversity in Business and Enterprise, Routledge.

정부와 시민단체, 투자기관의 생물다양성에 관한 요구사항도 엄격해지고 있다. 생물다양성과 관련된 국내외 협약과 규제, 가이드라인이 증가하고 있다. 생물다양성을 훼손하거나 무시하는 상품이나 사업은 소비자와 투자자들의 외면을 받을 가능성이 높아졌다. 단지 윤리적 이유 때문이 아니다. 생물다양성을 배려하지 않는 사업은 당장 눈에 보이지 않는 다양한 리스크를 내포하고 장기적으로 지속가능하지 못할 가능성이 높기 때문이다.

이제 지구 생태계를 배려하는 기업은 전례 없는 기회를, 그렇지 않은 기업은 전례 없는 위험을 맞이하게 될 가능성이 높아졌다. 예를 들어, 대부분의 비즈니스는 물에 의존한다. 물 공급의 불안정성과 비용 상승, 물 사용 규제 등은 기업 경영의 지속가능성을 좌우하는 리스크이다. 반면에 담수의 희소성에 대응하여 물 사용의 효율성을 개선하거나 폐수 처리 및 순환, 담수화와 같은 새로운 기술을 개발하여 시장을 개척할 수 있다. 또, 물을 덜 사용하는 제품이나 공정을 개발하고, 지역사회와 파트너십을 구축하여 기업의 평판을 개선할 수 있다.

원재료의 조달에 있어서도 기회와 리스크가 공존한다. 기업이 생태계에 악영향을 미치는 원재료를 사용하는 것이 알려지면 그린피스 등의 NGO나 소비자로부터 비판을 받고 나아가 대대적인 불매운동으로 이어질 수도 있다. 맥도날드나 네슬레와 같은 글로벌 기업들이 생물다양성을 위협하는 원재료를 사용하여 그린피스의 항의를 받고 기업 평판을 손실당한 적이 있었다. 이와는 반대로 생태계를 배려하는 인증 제품을 원재료로 사용하면 상품의 부가가치가 올라가고 새로운 이익을 창출할 수도 있다.[19]

생물다양성과 관련된 비즈니스 리스크와 기회는 일반적으로 조업, 규제, 평판, 시장, 금융의 다섯 가지 범주로 구분된다. 다섯 가지 리스크는 서로 밀접하게 연관되어 있다. 예를 들어, 생물다양성에 악영향을 미치는 원재료를 사용하여 인허가가 취소되거나 법규제를 준수하지 못하면 기업 브랜드와 평판이 악화되고, 이는 시장 경쟁력의 감소와 금융 리스크의 초래로 이어지기 쉽다. 국제금융공사(International Finance Corporation, IFC)는 이 다섯 가지 범주에 '생산성 및 직원의 사기'라는 측면을 추가하였다. 생물다양성을 경영 요소로 잘 관리하는 기업은 전체적으로 기업 가치가 높아져 직원의 동기부여와 의욕이 개선되고 장기적으로 경영 효율이 좋아진다는 내용이다. 석유회사 BP와 광업회사 리오틴토가 직원 대상의 생물다양성 훈련 프로그램을 실시하여 직원들의 이해도와 자부심을 높인 사례가 있다.

<생물다양성과 관련된 비즈니스 리스크와 기회>

종류	리스크	기회
조업	·생물다양성 배려 부족으로 인허가가 취소됨. ·생물자원의 감소에 따른 원재료의 조달 비용 증가, 생산성 저하, 업무 중단 등이 발생함.	·생물다양성 배려로 지속가능한 조업 허가권을 획득함. ·생물자원의 사용량을 줄이고, 효율성을 높여 안정적인 생산공정을 구축함. ·공급망의 지속가능성을 강화함.
규제	·법규제 위반으로 영업 허가나 면허 중지, 벌금, 소송, 생물자원의 할당량 감소나 사용 요금 발생 등을 초래함.	·생물다양성을 배려하여 영업 허가 및 확대를 도모함. ·새로운 법규제를 고려한 신제품을 개발함.

19) 藤田香, 先進企業に学ぶ生物多様性, Nikkei Ecology, 2008.09. pp.84~93.

평판	·생물다양성에 악영향을 주어 브랜드와 기업 이미지가 손실됨. ·지역사회와의 관계 악화로 영업에 악영향을 미침.	·생물다양성 보전을 통한 기업 이미지의 향상, 브랜드 가치 제고, 타사와의 차별화를 도모함. ·생물다양성을 적극적으로 보전하여 지역주민 등 이해관계자의 지지를 얻음.
시장	·공공 및 민간기관의 녹색 조달과 생태적 제품에 대한 고객 선호도가 증가함에 따라 이에 대응하지 않을 경우 상품의 시장 경쟁력이 저하됨.	·생물다양성의 보전과 지속가능한 이용을 촉진하는 신기술과 제품, 서비스를 개발하여 새로운 시장에 참여함. ·기업이 소유한 자연자원을 기반으로 새로운 수익을 창출함.
금융	·금융기관의 융자 조건이 엄격해짐에 따라 생물다양성을 배려하지 않을 경우 자금 조달 비용이 상승함.	·환경적 융자 기준에 대응하여 자금 조달을 원활하게 하고, 사회책임투자 펀드 등 새로운 투자 가능성을 높임.

오늘날 생물다양성과 관련된 경영 리스크, 특히 평판 리스크가 점차 증가하고 있는 추세이다. 생태계에 미치는 악영향으로 기업의 인허가권이 취소되거나 경제적 손실이 발생하기도 한다. 멸종위기종의 서식을 위협하는 활동이 기업 이미지와 평판에 종종 손실을 입히고 있다. 생물다양성에 책임 있는 행동을 하지 않는 기업은 점차 시장 경쟁력을 유지하기 어려운 환경이 되고 있다. 그와는 반대로 생물다양성을 배려하는 행동은 기업의 가치를 높인다.[20] 따라서 기업은 보다 능동적으로 자사의 사업활동과 생물다양성 간의 관계를 파악하여 리스크를 줄이고 기회를 발굴하는 것이 바람직하다.

생물다양성과 관련된 리스크는 기업이 통제할 수 없는 외부 요인의 영향을 받는 경우가 많다. 특히 평판 리스크는 외부 이해관계자들이 기업에 대해 갖는 인식과 신뢰에 의해 형성되므로 정부나 NGO, 전문가 그룹과 파트너십을 구축하는 것이 효과적이고도 중요

20) IFC. Biodiversity Business Risks.
http://www1.ifc.org/wps/wcm/connect/topics_ext_content/ifc_external_corporate_site/ifc+sustainability/publications/biodiversityguide_addressing_risks

하다. 시멘트 및 건설 회사인 Holcim이 생물다양성 리스크를 관리하기 위해 세계자연보전연맹(IUCN)과 파트너십을 구축한 것은 좋은 사례이다. Holcim은 세계자연보전연맹(IUCN)과 협조하여 생물다양성 리스크와 기회를 분석하기 위한 생물다양성 관리 시스템(Biodiversity Management System)을 개발하였다.

한편 기업이 생물다양성 리스크를 평가하고 관리하기 위한 여러 가지 방법론과 도구들이 개발되고 있다. 기본적인 지침을 포함하는 표준과 프레임워크, 데이터 관리가 활용되고, 모델이나 시나리오에 기반을 둔 도구들도 개발되었다. 한 예로 '생물다양성 통합평가도구(Integrated Biodiversity Assessment Tool)'는 전 세계적으로 생물다양성 우선순위가 높은 지역 정보를 제공한다. 이를 활용하여 기업은 사업을 계획하는 의사결정 초기 단계에서 생물다양성과 관련된 잠재적인 리스크를 평가할 수 있다.

3. 원재료 조달의 리스크

기업은 제품 생산에 필요한 각종 원재료를 몇 단계의 복잡한 공급망을 거쳐 조달한다. 따라서 기업이 원료의 생산방식이나 그에 따른 환경 영향까지 일일이 파악하기란 쉽지 않은 일이다. 그런데 원재료로 사용하는 생물자원이 감소하거나 고갈된다면 어떻게 될까? 원재료를 구하기 어렵거나 조달 비용이 상승하여 어려움을 겪게 될 것이다.

유통소매업체 유니레버(Unilever)는 원재료의 3분의 2를 자연자원에 의존한다. 그런데 1990년대에 유니레버의 냉동식품 주원료인 대구 어획량이 급격히 감소한 적이 있었다. 4백여 년간 안정적이었던 캐나다 대서양의 대구 개체군이 집중 어획으로 인해 갑자기 줄어든 것이었다. 이로 인해 당시 대구 가격이 50%나 상승하였고, 유니레버의 관련 수익률도 30%나 감소하였다.[21]

식품회사 크래프트(Kraft)는 미국 캘리포니아 주에서 식품 재료인 아몬드를 대량으로 구입한다. 최근 농약과 외래종 등의 문제로 수분 매개 곤충인 꿀벌이 사라지는 바람에 아몬드의 생산성이 급격히 낮아졌다. 이로 인해 크래프트의 원료 가격이 크게 상승하였고 수익성도 악화되었다.

버드와이저 맥주로 잘 알려진 앤호이저부시(Anheuser-Bush)[22]는 세계 최대 규모의 맥주 회사이다. 맥주 회사는 제조뿐 아니라 세정과 멸균 공정에서 많은 물을 사용한다. 보통 1리터의 맥주를 만드는 데 4리터에서 8리터의 물이 필요하다. 2001년 앤호이저부시는 조업에 커다란 위기를 겪었다. 공장이 위치한 미국 북서부에 극심한 가뭄이 닥쳐 물 부족 사태가 일어났기 때문이었다. 앤호이저부시의 공장에서 사용하는 물이 부족하였을 뿐 아니라, 보리와 알루미늄과 같은 원재료의 조달 비용도 크게 올랐다. 극심한 가뭄으로 곡물 가격이 상승하고 보리의 생산 비용도 올랐다. 맥주 용기로 사용되는 알루미늄은 전기의 통조림이라고 불릴 정도로 생산 과정에서 대량

---

21) Craig Hanson, Janet Ranganathan, Charles Iceland and John Finisdore(2008), The corporate ecosystem services review: Guidelines for Identifying Business Risks and Opportunities Arising from Ecosystem Change. WRI, WBCSD and Meridian Institute, Washington, DC. URL: http://pdf.wri.org/corporate_ecosystem_services_review.pdf

22) 2008년 세계 최대 규모의 맥주회사인 벨기에의 인베브와 합병하여 안호이저 부시 인베브가 됨.

의 전기를 사용한다. 물 부족으로 수력발전 비용이 상승하자 알루미늄 가격도 크게 올랐다. 이와 같이 원재료 가격이 줄줄이 인상되자 앤호이저부시는 생산량을 줄일 수밖에 없었다.

물은 대부분의 산업 공정에서 중요한 원재료이다. 물 부족은 세계 곳곳에서 기업을 위협하는 요인이다. 그런데 공급망이 복잡한 경우 기업은 이를 인지하기가 쉽지 않다. 일본에서 자동판매기 등을 제조하는 산덴(Sanden)이라는 기업은 최근 1차에서 4차까지 공급망 전체의 환경 부하를 평가하였다. 그 결과 공급망 상류에서 사용하는 물 사용량이 산덴 사용량의 22배나 되는 것으로 나타났다. 게다가 물 사용량의 약 30%는 중국의 물 부족 지역에서 조달되고 있었다. 만일 중국에서 심각한 가뭄이 발생한다면 산덴의 물 조달 비용이 상승하게 될 것이다.

세계적 음료 브랜드 코카콜라도 원재료뿐만 아니라 병의 세정이나 살균 등 제조 과정에서 많은 물을 사용한다. 2004년 인도 케랄라 주 유역에서 심각한 물 부족이 발생하였음에도 불구하고 코카콜라는 물 소비량을 제대로 관리하지 않았다. 결국 인도의 지방정부가 코카콜라의 조업을 중단시키기에 이르렀다. 그후 코카콜라는 적극적으로 물 관리를 하기 시작하여 2007년에는 '물 중립(water neutrality)'을 선언하였다. 2020년까지 코카콜라가 사용한 만큼의 물을 자연에 환원하여 실질적인 물 사용량을 제로(zero)로 하겠다는 내용이다. 물 중립을 달성하기 위해 코카콜라는 수원지 주변의 지형과 지층, 식생, 강수량과 증발량을 조사하여 지하로 침투하는 수량을 계산하고, 이를 토대로 공장별 적정 양수량을 산출하였다. 또한, 제조 단계에서 물 사용량을 줄이기 위한 기술을 도입하였고,[23] 간벌이나 가지치기 등의 산림 정비를 통하여 지하수의 함양을 촉진하도록 지원했다.

소니(Sony)의 휴대전화 사례는 리스크를 기회로 바꾼 예이다. 2000년경 휴대전화의 소형 축전기(condenser)에는 희소금속인 탄탈 (tantal)이 사용되었다. 탄탈의 주요 채굴지는 아프리카의 콩고였다. 그런데 탄탈 광산이 위치한 곳이 절멸위기종인 로랜드(lowland) 고 릴라의 서식지임이 알려졌다. 게다가 탄탈 광산이 반정부 세력의 자 금원이라는 UN의 발표가 있자 이를 언론에서 일제히 보도하기 시 작했다. 이로 인해 탄탈을 사용하던 대부분의 전자업체가 큰 타격을 받았다. 하지만 일찍부터 이러한 사실을 파악한 소니는 부품 공급업 자들에게 콩고산 탄탈의 사용을 금지하고 다른 재료로 대체하도록 하였다. 그 덕분에 소니의 매출은 오히려 증가하였다.

화학회사 듀폰(Dupont)도 위기를 기회로 바꾼 적이 있다. 듀폰은 1950년대부터 미국 텍사스 주 과달루페(Guadalupe) 강 근처에서 나 일론과 폴리에스테르를 제조하는 공장을 운영하였다. 공장은 미국 환 경보호청의 승인을 받아 우물을 파서 공장에 필요한 물을 조달하였 지만 수질 악화를 우려한 지역주민들의 반대가 심하였다. 규제 변경 등으로 조업정지를 당할 위기에 처했던 듀폰은 전문가 및 지역주민 과 협의하여 새로운 수처리 방식과 습지 시스템을 도입하기로 했다. 듀폰은 제조공정을 바꾸어 폐수를 재활용하고 나머지는 습지의 자연 정화능력을 이용하여 처리함으로써 조업 위기를 회복할 수 있었다.

기업의 원재료 조달에는 여러 가지 위험 요소들이 존재한다. 글로 벌 경제체제에서는 원재료의 조달과 제조, 공급 지역이 전 세계로

---

23) 예를 들어, 전자빔 살균장치의 도입으로 1시간당 30㎥ 정도 필요했던 페트병의 살균 세정수가 불필요해졌다.

확대되어 더욱 복잡해졌다. 기업이 원재료를 안정적으로 조달하기 위해서는 공급망의 각 단계에서 어떠한 자연자원을 어느 정도 사용하는지, 생물다양성과 같은 사회환경적 위협 요소들은 없는지를 미리 파악할 필요가 있다. 이와 같은 맥락에서 유니레버와 월마트와 같은 많은 글로벌 기업이 공급자를 선정할 때에 생물다양성에 관한 위기 요소를 검토하고 원재료의 지속가능한 조달 대책을 세우고 있다.

4. 사회적 자본, 평판관리의 중요성

네슬레(Nestle)가 만드는 킷캣(kitkat)은 누구나 즐겨 먹는 초콜릿 과자이다. 그런데 이 킷캣에 사용된 인도네시아산 팜 오일이 오랑우탄과 코끼리가 서식하는 열대우림을 베어낸 농장에서 만들어졌다는 사실이 2010년 그린피스의 캠페인으로 알려졌다. 그린피스는 유튜브를 통해 동영상을 공개했다. 한 젊은 남자가 사무실에서 휴식을 취하려고 집어든 킷캣을 입에 넣는 순간 피가 뚝뚝 떨어지는 오랑우탄의 손가락으로 변한다는 섬뜩한 영상이었다. 초콜릿에서 오랑우탄의 손가락으로, 다시 열대우림의 파괴 영상으로 이어지며 선명한 메시지를 전달하였다. 영상은 한 달 동안에만 100만 번 이상 시청될 정도로. 전 세계의 주목을 받았다. 네슬레는 세계 각지로부터 12만 통 이상의 항의 메일을 받았다. 사태가 심각해지자 네슬레는 팜 오일의 사용을 즉각 중단하겠다고 발표했다. 문제가 된 팜 오일은 인도네시아의 팜유 제조사인 시날매스(Sinar Mas)로부터 공급된 것이었다. 시날매스사(Sinar Mas)가 팜유 농장을 개발할 때에 불법으로 산림을 파괴한 것을 파악한 네슬레는 즉각 거래를 중지하였다. 또 미국의 카길(Cargill)이라는 회사를 통해 간접 구입하던 시날매스사의 팜유도 중단시켰다.

킷캣 초콜릿 사건을 계기로 네슬레는 열대우림을 파괴하여 만든 원료의 사용을 전면 중단하고, 오랑우탄의 서식지를 보호하기 위한 방침을 발표하였다. '책임 있는 팜 오일 조달 가이드라인'을 정하고 생물다양성을 배려하는 인증 팜유의 조달 비율을 늘렸다.24) 사실 네슬레에 있어 팜유는 주요 원재료가 아니다. 연간 조달량이 약 32만 톤(ton) 정도로 세계 팜유 생산량의 0.7% 정도에 불과하다. 네슬레가 즉각적으로 조달 중지를 선언하고 거래처를 바꿀 수 있었던 것도 사용량이 적었기 때문일 것이다. 하지만 이 사건은 생물다양성에 악영향을 미치는 원재료를 사용하는 경우 기업의 평판과 브랜드에 적지 않은 영향을 미칠 수 있다는 것을 보여준다.

기업의 실질적 가치에 있어 평판이 점점 중요한 요소가 되고 있다. 생물다양성 문제에서도 마찬가지이다. 생물다양성을 배려하고 좋은 성과를 지니는 기업은 고객이나 지역사회를 포함한 이해관계자들과 좋은 관계를 맺고 평판을 얻기 쉽다. 기업은 물이나 토지, 산림 등의 천연자원을 이용하기 위해서 그를 소유한 국가나 지역사회의 인허가를 받아야 한다. 예를 들어, 광산회사나 건설회사는 토지개발 및 사용권을 얻어야 한다. 코카콜라와 같은 음료회사는 적정량의 수질과 수량을 지닌 물 사용권을 획득해야 한다. 또, 다른 나라의

---

24) 2010년 인증 팜유의 조달 비율이 약 18%였으나 2015년까지 100%로 할 것을 선언하였다.

생물 유전자원을 사용하려는 기업은 해당 국가나 지역의 사전 허가권 취득과 장기적인 이익 공유에 관한 계약을 맺어야 한다. 평판이 좋지 않은 기업은 이러한 허가권을 얻기가 쉽지 않다.

평판은 법적 문제를 넘어서 다양한 이해관계자가 기업에 대하여 지니는 인식에 의해 형성된다. 그래서 공식적이고 법적인 인허가에 못지않게 중요한 것이 지역사회가 주는 비공식적인 허가이다. 이를 지역 허가권(local license) 또는 사회적 조업 허가(social license to operate)라고 한다. 지역사회가 해당 기업의 조업을 허용할 것인지, 아닌지를 말한다.

지역 허가권은 법규 준수만으로는 얻어내기 어렵다. 법률상으로 문제가 없더라도 생물다양성에 대한 배려가 부족하면 지역주민이 반대하여 사업이 무산되고 불매운동으로 이어질 수 있기 때문이다. 특히 절멸위기종이나 생물다양성이 풍부한 지역을 개발하거나 원재료를 얻고자 할 때에는 지역 생태계에 대한 주의 깊은 배려와 노력을 기울여야 한다. 국제금융공사(IFC)는 "지역 허가권은 일종의 광범위한 지역사회의 지지(broad community support)를 얻는 것과 같다"라고 하였다. 생물다양성을 포함한 환경문제에 적극적인 기업은 공식적인 인허가뿐 아니라, 지역사회의 지지를 받으며 좋은 평판과 브랜드를 유지할 수 있어 사업활동을 지속하는데에 훨씬 유리하다.

생물다양성 문제는 법규 준수만으로는 부족한 경우가 많다. 법규 준수는 기본이고 지역사회 및 환경단체와 원활한 커뮤니케이션을 통하여 평판을 관리해야 한다. 법적으로는 문제가 없지만 생물다양성에 대한 배려 부족으로 사업이 취소되거나 변경된 사례들이 있다.

토요타(Toyota) 자동차는 2007년 마을림을 개발하여 660헥타르(ha) 규모의 친환경 자동차의 시험주행 도로를 조성하려고 하였다. 그때 지역주민과 많은 환경단체들이 거세게 반대하였다. 개발 예정지에 30여 종 이상의 멸종위기종이 서식하여 생물다양성을 훼손한다는 이유에서였다. 토요타 자동차는 환경 영향평가를 포함한 합법적 절차를 거쳐 추진하였음에도 불구하고 2010년 착공을 앞두고 사업계획을 대폭 축소 변경할 수밖에 없었다.

에너지 회사 로열 더치 쉘(Royal Dutch Shell)은 1990년대에 북해 유전 개발에서 사용했던 노후 설비를 심해에 폐기하려고 하였다. 하지만 그리피스가 해양오염을 이유로 불매운동을 벌이며 격렬히 저항하자 중지할 수밖에 없었다. 쉘의 해양폐기 계획은 환경 영향평가를 이미 실시하여 영국 정부의 허가를 얻었으나 사회적 공감을 얻는 것에는 실패하였던 것이다. 그 후 쉘은 2001년 에너지 회사 중 최초로 생물다양성 기준을 제정하고 석유개발 사업 이전에 생물다양성을 배려한 환경 영향평가를 실시할 것을 의무화하였다. 그리고 세계유산지역이나 국제자연보호연맹(IUCN)이 지정한 보호지역, 생물다양성 가치가 높은 지역에서는 석유 개발을 하지 않겠다고 표명하였으며, 생물다양성 옵셋 프로그램[25]에도 적극 참여하였다.

1995년 알루미늄 제조사 알칸(Alcan)은 캐나다에 있는 제련소를 위해 수력발전소를 건설하려고 했다. 그러나 지역주민들이 해당 하천이 담수 및 어류, 문화 서비스의 원천임을 내세워 강력히

---

25) Part 4의 1, 2장 참조.

반대하자 알칸은 5억 달러의 비용을 잃은 채 사업을 포기할 수밖에 없었다.

홈데포(home depot)는 주택과 건설 자재, 서비스를 주업으로 하는 미국 제2위 규모의 소매 체인점이다. 1990년대 홈데포에서 판매하는 목재가 원생림을 벌채하여 만들어진 것이 알려지자 소비자와 NGO의 불매운동이 확산되었다. 이에 홈데포는 공급업자와 협력하여 1999년 원생림의 벌채를 하지 않겠다고 선언하였다.

생물다양성을 기회 요소로 활용하여 기업의 평판과 브랜드 가치를 올린 사례도 있다. 미국의 유명한 와인 제조회사인 페차(Fetzer)는 일찍부터 자연을 배려한 지속가능한 와인 회사임을 표방하여 경쟁회사와의 차별화를 도모하였다. 페차는 와인 농업으로 인한 토양 유출을 막기 위해 피복 작물을 활용하고, 농약 대신 천적을 이용하여 병해충을 구제하였다. 또, 영양물질이 하천으로 유입되지 않도록 연못을 이용하는 등 생태계 서비스를 최대한 활용하면서 와인을 제조한다. 이와 같은 생태친화적인 방식은 회사의 브랜드 가치의 향상으로 이어졌다.

1980년대에 프랑스 보주(Vosges) 지방에서 농업과 목축업이 증가하는 바람에 네슬레워터(Nestlé Waters)의 미네랄워터 브랜드인 비텔(Vittel)의 수원지가 오염된 적이 있었다. 천연 미네랄워터라는 브랜드를 잃어버릴 위기에 처했던 네슬레워터는 엄청난 비용과 시간을 들여 비텔의 수원지를 보전하는 데 성공하였다. 덕분에 네슬레워터는 연간 10억 병 이상 판매되는 비텔의 브랜드를 지킬 수 있었다.

일본에서는 생물다양성을 보전하면서 생산된 쌀을 브랜드화한 사례가 있다. 미야자키현(宮崎県) 오사키시(大崎市)의 가부쿠리(蕪栗) 습지는 람사르 조약에 등록된 곳으로 겨울이 되면 수만 쌍의 기러기가 날아오는 곳이다. 지역주민들은 가부쿠리 습지 주변의 논에 겨울 동안 물을 채워 기러기를 비롯한 다양한 생물들이 서식할 수 있도록 하였다. 겨울에 물을 채운 논은 건강한 생태계 기능이 회복되어 잡초와 곤충의 발생이 억제되고 공기 중의 질소 고정도 활발해진다는 점에 착안한 것이었다. 이와 같이 농약과 화학비료, 살충제를 사용하지 않고 생산된 쌀은 생물다양성 브랜드로서 보다 높은 가격으로 판매되었다.

©Cory.

<일본 효고현의 황새공원>

효고현(兵庫県) 토요오카시(豊岡市)는 황새의 야생 복원으로 유명한 곳이다. 야생 황새는 일본에서 1971년경 농약 등의 원인으로 멸종되었다. 황새의 마지막 서식지였던 토요오카시는 황새의 야생 복원을 위해 오랫동안 노력을 기울여 왔다. 황새는 주로 마을 주변 산림에 서식하면서 논과 하천의 미꾸라지와 잠자리 등을 잡아 먹는다. 일반적으로 황새 한 마리가 서식하는 데에 4헥타르(ha) 정도의 논이 필요하다고 한다. 효고현은 황새의 서식지를 확보하기 위해 농약과 화학비료를 사용하지 않고 겨울철 논에 물을 채우는 '황새를 기르는 농법'을 개발하였다. 그 결과 2005년 이후 드디어 야생 황새가 복원되었다. 이는 일본에서 대단히 획기적인 일로 널리 알려졌다. 또, '황새를 기르는 농법'으로 생산된 쌀은 '황새를 기르는 쌀'로 브랜드화되어 일반 쌀보다 20% 이상 비싸게 팔렸다. 지역에서 생산한 쌀의 부가가치가 오르고 경제적 효과가 뒤따르자 황새를 키우는 농법을 시도하려는 농가도 증가하였다. 생물다양성 보전을 키워드로 환경친화적인 농업을 실행하고 제품의 브랜드 가치를 올린 사례라고 할 수 있다.

앞의 사례에서 보았듯이 기업이 생물다양성과 관련하여 좋은 성과와 이미지를 지닌다면 지역사회나 소비자, 규제 기관과 같은 이해관계자와 양호한 사회적 자본(social capital)을 형성할 수 있다. 이는 기업에 대한 좋은 평판으로 이어진다. 기존의 시장에서뿐 아니라 생물다양성과 관련된 신규 시장에서도 평판은 기업의 경쟁력을 높이는 중요한 요인이 될 것이다.

5. 새로운 법규와 시장 기회

생물다양성에 대한 관심이 증가하면서 예전에 없던 국제 가이드라인과 법규, 협약, 제도가 등장하고 있다. 특히 무분별한 자연자원의 채굴과 토지 개발을 규제하는 정책이 강화되면서 관련된 조업 허가권의 취소, 손해배상 청구, 소송도 증가하고 있다. 새로운 법규제의 도입은 새로운 기술 수요와 시장 창출로 이어진다. 예를 들어, 미국에서는 연방수질오염방지법에 따라 개발사업으로 손실되는 습지를 보상하기 위한 미티게이션 뱅킹(mitigation banking) 제도가 도입되었다. 이로부터 습지의 복원 및 중개라는 새로운 비즈니스가 등장하였다.

침략적 외래종에 의한 생태계 피해를 막기 위한 법규제도 새로운 기술 개발과 시장을 유도하고 있다. 선박평형수(Ballast water)의 규제도 한 예이다. 선박평형수란 선박에 화물을 적재하지 않을 때에 균형을 잡기 위해 배 안에 채우는 바닷물이다. 선박평형수를 배에 채울 때에 다양한 해양 생물들[26]도 함께 유입되어 다른 항구로 이동하게 된다. 선박에 화물을 실으면 선박평형수를 버리는데 이와 함께 다른 항만에서 유입된 외래종도 확산되어 해양생태계에 피해를 준다. 1980년대에 카스피 해에 서식하는 민물 담치가 북미 오대호에 침입하여 발전소와 공장의 취수 파이프를 채우고 먹이 경쟁을 하는 바람에 재래종이 감소하였다.

---

26) 콜레라균과 대장균까지 포함된다.

선박평형수에 따른 피해 사례가 증가하자 국제해사기구(International Maritime Organization, IMO)는 2004년 "선박평형수 및 침전물의 규제 및 관리를 위한 국제조약"을 채택하였다. 또한, 2009년에는 선박이 배출하는 선박평형수에 포함된 생물 수를 규제하는 기준[27]을 마련하였다. 협약이 발효되면 전 세계의 모든 외항선은 국제해사기구(IMO)의 인증을 받은 선박평형수 처리시설을 의무적으로 설치해야 한다. 세계적으로 대상 선박만 약 6만 8천여 척이므로 2019년까지 80조 원에 이르는 거대한 시장이 형성되는 셈이다.[28]

이 새로운 시장에서 사업 기회를 포착하기 위해 많은 기계 및 설비 회사들이 앞다퉈 선박평형수 처리설비를 개발하였다. 그중에서 가장 먼저 성공한 곳이 스웨덴의 기계 설비업체인 알파라발(Alfa Labal)이었다. 알파라발은 2007년에 화학약품을 사용하지 않는 선박평형수 처리 시스템을 개발하였다. 국제해사기구와 스웨덴 정부로부터 배수 시의 환경 영향평가 및 시험운전 승인을 받고 세계 최초로 선박평형수 처리 설비를 판매하였다. 일본에서는 1990년부터 일본해난방지협회가 미츠이선박(商船三井)과 함께 선박평형수 처리 설비를 개발하였고, 뒤이어 JFE 엔지니어링, 히다치 제작소(日立製作所) 등이 참여하였다. 우리나라에서도 STX메탈이 전기분해 방식의 처리 시스템을 개발하여 2012년 국제해사기구의 승인을 받는 등 십여 개 기업들이 기술 인증을 받았다.

---

27) 선박평형수 1㎥당 체장 50μm(μ: 100만분의 1) 이상의 생물 수를 10개체 미만, 체장 10~50μm인 생물은 1㎤당 10개 미만으로 규제한다.

28) [뉴스]http://news.mk.co.kr/newsRead.php?no=687174&year=2013&cm

한편 생물다양성 보전을 위한 새로운 정책과 가이드라인의 등장도 생물다양성과 관련된 신규시장의 확대를 유인하고 있다. 많은 기업과 공공기관이 불법 벌채를 통해 조달된 목제품의 구매를 금지하는 등 생물다양성을 배려하는 조달 방침을 표명하였다. 세계적인 유통회사 월마트와 까르푸는 공급망의 그린화를 추진하여 인증 제품의 조달 비율을 늘리고 있다.

©US Coast Guard.

<선박평형수 유출 장면>

그 결과 열대우림 보전이나 지속가능한 산림 보전 등 생물다양성을 배려한 제3자 인증 제품의 시장 규모가 점점 커지고 있다. 산림관리협의회(Forest Stewardship Council, FSC)의 인증 제품 시장 규모는 2008년 200억 달러를 넘어 과거 2년 동안 4배나 성장했다.

인증 제품의 시장 규모는 기존 시장에 비해 아직 상대적으로 작은 편이지만 이해관계자들의 요구에 따라 지속적으로 성장하고 있다. 이러한 추세는 사업 자금을 제공하는 금융기관에도 확산되고 있다. 오늘날 JP 모건, HSBC, 씨티뱅크 등 전 세계의 주요 금융기관들은 융자 시 생물다양성과 관련된 리스크와 사업성을 검토하여 생물다양성에 악영향을 미치는 기업이나 프로젝트에는 자금을 제공하지 않으려 한다. JP 모건은 보전 가치가 높은 산림이나 열대우림지역의 산림 벌채 사업에는 투자하지 않겠다는 방침을 나타냈다. 또, 기업의 융자 조건으로 지속가능한 산림 관리 인증이나 목재의 합법성 인증을 받을 것을 요구하기도 한다.

국제자연보전연맹(IUCN)은 "생물다양성은 훌륭한 비즈니스이고 비즈니스는 훌륭한 보전 수단이다"라고 하였다. 생물다양성을 보전하면서 동시에 수익을 창출하는 비즈니스가 가능하다는 말이다. 또한 비즈니스 본업을 통하여 생물다양성을 보전할 수 있다는 것을 나타낸다. 국제자연보전연맹(IUCN)은 '생물다양성 비즈니스 구축(Building biodiversity business)'이라는 보고서에서 "생물다양성 비즈니스란 생물다양성을 보전하고 생물자원을 지속가능하게 이용하면서 발생하는 편익을 공정하게 배분하는 활동을 통하여 수익을 창출하는 영리활동이다"라고 정의하였다. 생물다양성 비즈니스는 생태계를 배려하는 농림수산업, 제조업, 광업과 같은 기존 산업뿐 아니라, 뒷장에서 설명하게 될 생태계 서비스 지불, 생물다양성 옵셋(offset) 등의 새로운 비즈니스를 포함한다. 생물다양성 비즈니스는 세계 곳곳에서 다양한 형태로 나타나고 있다. 특히, 빈곤 지역에서 생물다양성 보전과 수익을 양립하는 소규모 지역 비즈니스를 통해 지역경제를 활성화하는 사례가 주목받고 있다.

비즈니스를 통한 생물다양성의 보전은 국제사회의 주요 이슈 중의 하나이다. 2005년 UN의 밀레니엄생태계평가 보고서에서도 "생태계 서비스는 대부분 시장에서 거래되지 않기 때문에 효율적인 배분과 지속가능한 이용이 촉진되지 않는다"고 하며 시장 메커니즘의 필요성을 지적했다. 생물다양성 협약 당사국 회의에서는 국제적 수준의 시장 메커니즘을 도입하기 위한 논의가 이루어지고 있다. 지금의 추세로 보아 생물다양성과 관련된 다양한 시장과 비즈니스가 더욱 확대될 것으로 전망된다.

6. 점점 커지는 기업의 역할

지금까지 기업은 생물다양성에 중대한 영향을 미치는 주체임에도 불구하고 그 역할이 모호한 측면이 있었다. 대부분의 기업은 생물다양성 보전을 일회성 캠페인이나 사회책임 활동의 일환으로만 여기는 경향이 있었다. 물론 나무를 심거나 동물을 보호하고 기부하는 행위도 좋지만 본질과는 다소 거리가 있다. 기업이 보다 관심을 두어야 할 곳은 비즈니스 본업을 통한 생물다양성 보전이다. 비즈니스를 통해 미치는 영향이 훨씬 크고 본질적이기 때문이다. 이를 위해서는 기업활동 자체가 생물다양성에 얼마나 의존하고 어떤 영향을 미치는지, 또 어떠한 잠재적인 리스크와 기회를 초래하는지를 알고 관리해야 한다. 최근 생물다양성 문제에 대한 공감대가 확산되면서 기업들도 보다 체계적이고 본질적인 접근을 하기 시작했다.

생물다양성에 대한 기업의 관심과 참여를 높이는 계기가 된 것은 2006년 여덟 번째 생물다양성 협약 당사국 회의에서 채택된 '기업 참여 결의안'이었다. 생물다양성의 목표 달성을 위해 기업의 적극적인 참여를 촉구하는 내용이었다. 나아가 2008년 독일 본(Bonn)에서 개최된 생물다양성 협약 당사국 회의(COP9)에서는 '비즈니스와 생물다양성 이니셔티브(Business and Biodiversity Initiative)'가 출범하였다. 이는 생물다양성 보전을 위한 최초의 민간 부문 국제 이니셔티브로 기업의 적극적 참여 없이는 생물다양성 협약의 목표를 달성하기 어렵다는 인식에서 시작되었다. 2008년 당시 독일, 브라질, 일본 등의 34개 기업이 이니셔티브에 참여하였다.

이니셔티브에 참여한 기업들은 생물다양성 보전을 위한 실천 방향을 나타내는 리더십 선언에 서명하였다. 리더십 선언은 생물다양성 영향의 평가방법, 조직 체계, 공급자 협력 등에 관한 일곱 가지 항목으로 이루어져 있다. 식품, 금융, 자동차, 전자, 건설업, 화장품, 서비스업 등 다양한 업종을 망라하는 기업들이 리더십 선언에 서명하였다. 참여 기업들은 정기적으로 워크숍을 열고 각 분야의 전문가, NGO 등과 정보를 공유하며 생물다양성에 관한 민간 네트워크 플랫폼을 만들었다. 또 리더십 선언을 실행하기 위한 구체적인 방법과 선진사례를 개발하고, 2012년에 '기업의 생물다양성 매니지먼트 핸드북(Corporate Biodiversity Management Handbook)'을 출간하였다. 핸드북은 실천적 관점에서 비즈니스와 생물다양성의 관계 분석과 전략적 방법, 우수 사례 등을 제시하고 있다.

비즈니스와 생물다양성 이니셔티브의 리더십 선언

(1) 기업활동이 생물다양성에 미치는 영향을 분석한다.
(2) 기업의 환경관리 시스템에 생물다양성 보전을 포함시키고, 생물다양성 관련 지표를 작성한다.
(3) 생물다양성과 관련된 모든 활동을 총괄하고 이사회에 보고할 담당자를 둔다.
(4) 생물다양성 보전과 관련하여 2, 3년에 한 번씩 모니터링하고 조정할 수 있는 현실적이고도 측정 가능한 목표를 설정한다.
(5) 연차보고서, 환경보고서, 사회책임(CSR) 보고서에서 생물다양성과 관련된 활동과 성과를 공표한다.
(6) 생물다양성에 관한 목표를 공급자에게 알리고 협력을 촉구한다.
(7) NGO 등 제3의 기관과 대화하고 생물다양성 관리 시스템을 지속적으로 개선하기 위해 협조한다.

아시아에서도 생물다양성에 대한 기업 참여를 독려하기 위한 대책이 만들어졌다. 타이 정부는 2009년부터 생물다양성 보전에 앞장서는 기업을 표창하는 제도를 시작하였다. 일본에서는 2008년 4월에 '생물다양성 보전과 지속가능한 이용을 위한 일본 비즈니스 이니셔티브(Japan Business Initiative for Conservation and Sustainable use of Biodiversity)'가 발족하여 수십여 기업들이 연구활동과 정보 교류를 하고 있다. 2009년에는 재단법인 이온 환경재단과 환경성의 주도로 '생물다양성표창제도'가 만들어졌다. 2010년 나고야에서 열린 생물다양성 협약 당사국 총회를 앞두고 선진사례를 발굴하기 위해서였다.

일본 전국경제인연합회는 2009년 '생물다양성 선언'을 발표하고, 기업의 생물다양성 보전 활동 참여를 적극적으로 권장하였다. 일본 정부도 '생물다양성 민간 참여 가이드라인'을 발표하였다. 또한, 제3차 생물다양성 국가전략과 생물다양성기본법에도 기업의 역할을 명시하였다. 2010년 일본 전국경제인연합회의 조사에 따르면, 응답한 기업[29]의 절반 이상이 환경 경영에 생물다양성 항목을 통합하였고, 그중 15%는 생물다양성에 관한 내부 가이드라인을 운영 중인 것으로 나타났다.

세계지속가능발전기업협의회(World Business Council on Sustainable Development, WBCSD)는 200여 개 이상의 글로벌 기업 CEO들이 모여 녹색성장과 지속가능한 발전을 도모하기 위한 모임이다. 여기서는 지속가능한 경제를 위해 특별히 주력해야 할 포커스 영역을 설정하고 있는데, 2007년 네 번째 포커스 영역으로 생태계가 추가되었다.

세계지속가능발전기업협의회(WBCSD)는 다양한 단체들과 공동으

---

29) 493개 기업 중에서 147개사가 응답함.

로 생물다양성과 경제에 관한 보고서를 발행하고, 실천에 필요한 가이드라인이나 도구를 개발하였다. 그중 하나가 세계자원연구소(World Resources Institute, WRI) 및 메리디안 연구소(Meridian Institute)와 공동 개발한 '기업의 생태계 서비스 평가(The Corporate Ecosystem Service Review, ESR)'이다. 이는 기업활동이 생물다양성에 미치는 영향을 체계적·정량적으로 평가하기 위한 도구로 제조업, 광산업, 금융 등 모든 산업 부문을 포함한다. 지금까지 6개 언어로 번역되었다. 수력발전 회사 BC 하이드로와 광산회사 리오틴토 등 전 세계 300여 개 이상의 기업들이 이용하였다.[30)]

'기업의 생태계 서비스 평가(ESR)'는 총 24개의 생태계 서비스 중에서 해당 기업과 연관성이 높은 5~7개의 생태계 서비스를 선정한 후 전문가 의견과 직간접적인 동향 분석을 기초로 영향을 평가한다. '기업의 생태계 서비스 평가(ESR)'는 평가 범위의 선정에서 비즈니스 리스크의 분석과 전략 수립에 이르기까지 다섯 단계를 거쳐 이루어진다.

<기업의 생태계 서비스 평가(ESR)의 절차>

단계	내용
1. 평가범위의 선정	사업, 제품, 시장, 소유지, 고객 공급자 등 평가하는 대상 범위를 정함.
2. 중요한 생태계 서비스의 결정	사업활동과 가장 관련성이 높은 중요한 생태계 서비스를 정하고 의존도와 영향도를 검토함.
3. 중요한 생태계 서비스에 관한 동향 분석	도출된 생태계 서비스에 대한 현황과 동향을 분석함.
4. 비즈니스 리스크와 기회 분석	생태계 서비스의 동향 분석에서 예상 가능한 비즈니스 리스크와 기회를 평가함.
5. 전략의 수립	리스크와 기회를 관리하기 위한 전략을 수립

---

30) James Griffiths(2010), Making the business case for corporate action on ecosystems. In 2010 Biodiversity Issue-forum CSR international.

1단계에서는 기업활동이 생물다양성에 미치는 영향을 고려하여 평가 대상의 범위를 구체적으로 결정한다. 예를 들어, 제조업은 자사의 조업 부문을, 금융이나 컨설팅업은 고객 관련 부문만을 대상으로 할 수 있다. 2단계에서는 분석 대상과 관련이 깊은 생태계 서비스를 결정하고 서비스별로 영향도와 의존도를 검토한다. 영향도란 사업활동이 생태계 서비스의 양이나 질에 어떠한 영향을 미치는가 하는 것을 말한다. 의존도는 해당 생태계 서비스가 기업활동의 원재료로 투입되는지, 비즈니스의 성공 조건인지, 대체할 만한 서비스가 존재하는지 등을 분석하여 결정된다. 3단계에서는 중요한 생태계 서비스에 관한 동향을 분석한다. 우선시해야 하는 생태계 서비스의 현황과 동향, 그에 영향을 미치는 요인, 기업활동이 생태계 서비스에 미치는 영향 정도를 분석한다. 4단계에서는 예상 가능한 비즈니스의 리스크와 기회를 분석한다. 마지막 5단계에서는 리스크를 최소한으로 예방하고 기회를 확대하기 위한 기업 전략을 설정한다. 전략은 경영 및 시장전략, 제품, 조달계획과 같은 기업 내부정책과 함께 전문가나 NGO, 정부기관과의 교류와 같은 외부 정책을 포함한다.

생물다양성 및 생태계 서비스의 평가는 기업이 생물다양성을 관리하기 위한 중대한 사항이다. 하지만 생물다양성은 지역 고유의 생태계를 기반으로 형성되기 때문에 정량적 평가가 쉽지 않다. 특정 생태계에 존재하는 생물종 수를 정확히 파악하는 것도 어렵거니와 파악한다 해도 다른 생태계의 생물다양성과 비교하기 어렵기 때문이다. 세계 어느 곳에서나 똑같은 성질을 지니는 온실가스와는 다르다. 우리나라 대기의 이산화탄소 1톤(ton)은 유럽 대기의 이산화탄소 1톤(ton)과 같다. 우리나라에서 배출한 이산화탄소를 인도네시아와 같은 개발도상국에서 조림이나 태양광 발전소를 통해 상쇄할 수도 있다. 그래서 이산화탄소는 국제 표준에 따라 정량화되고, 탄소 시장에서 거래할 수도 있는 것이다. 하지만 생물다양성에 있어서는 좀 더 복잡하여 여러 가지 가정과 전제가 필요하다.

'비즈니스와 생물다양성 이니셔티브'의 리더십 선언의 하나는 생물다양성을 측정할 수 있는 지표를 개발하는 것이다. 기업의 목표와 성과를 명확히 설정하고 관리하기 위해서이다. 목표 설정에 필요한 기준은 SMART해야 한다.[31] 즉, 구체적이고(Specific), 측정 가능해야 하고(Measurable), 달성 가능해야 하고(Achievable), 연관성이 있어야 하며(Relevant), 시간이 정해져 있어야 한다(Time-bound). 생태계 및 생물다양성의 경제학(TEEB)의 2010년 보고서에 따르면, 세계의 여러 기업이 생태계와 생물다양성에 미치는 영향을 측정하는 지표를 개발하였다. 생물다양성을 직접 측정하기 어려운 만큼 그를 대신하는 대리 지표를 주로 이용한다.

파나소닉(Panasonic)은 토지 이용, 조달, 상품의 세 분야별로 생물다양성 관련 지표를 개발하였다. 토지 이용 지표의 경우, 121개 사업소 주변의 항공사진과 데이터, 문헌을 기초로 반경 2km 이내의 녹지 면적과 상태, 자연도, 수변면적 등을 분석한다.[32] 후지츠(Fujitsu)는 2009년부터 220여 개의 거래처를 평가하는 제도에 생물다양성 항목을 추가하고, 뒷장에서 서술하는 서식지평가법(Habitat Evaluation Procedures)을 이용한다. 샤프(Sharp)는 70여 개 사업 거

31) TEEB(2010), The Economics of Ecosystems and Biodiversity: Mainstreaming the Economics of Nature: A synthesis of the approach, conclusions and recommendations of TEEB.

32) 花澤裕二, 相馬陸宏, 半沢智, 藤田香, COP10後の生物多樣性経営, Nikkei Ecology, 2010.10. pp.31~49.

점별로 조달, 개발, 생산, 판매, 유통의 모든 과정에서 생물다양성과 관련된 28개 항목을 평가하고 3단계로 점수를 매긴다.

이제 지구의 생물다양성을 보전하는 데 기업이 중요한 주체로 부상하고 있다. 소비자와 이해관계자, 그리고 새롭게 만들어지고 있는 시장은 캠페인이나 기부와 같은 일회성 행사가 아니라 보다 본질적인 접근을 요구하고 있다. 이에 발맞추어 기업들은 생물다양성과 비즈니스와의 관계에 대한 심도 있는 분석과 통찰을 기초로 적합한 대응 방향을 모색해야 할 것이다. 선진 기업들의 리더십 선언이나 선진사례는 벤치마크 대상으로서, '기업의 생태계 서비스 평가(ESR)'는 생물다양성과의 관계를 추적하는 효율적인 도구로서 유용할 것이다.

Part 3

생물다양성을
둘러싼 국제 동향

1. 생물다양성 협약은 경제 협약

1949년 국제연합식량농업기구(FAO)와 유네스코(UNESCO)가 함께 개최한 '자원의 보전과 이용에 관한 UN 과학회의(UNSCCUR)'는 자연보호를 위한 최초의 국제회의로 알려져 있다. 이후 람사르 조약, 워싱턴 조약, 세계유산 조약 등 다양한 협약을 체결하며 국제사회는 생태계와 생물다양성 보전을 위한 공동의 노력을 기울여 왔다. 1971년에 채택된 람사르 조약은 다양한 생태계 서비스를 제공하는 습지를 보존하기 위한 것이다. 1973년 워싱턴 조약은 멸종위험이 있는 야생 동식물의 국제적 거래를 규제하기 위한 것이다. 세계유산 조약은 세계적으로 훌륭한 문화유산과 자연유산을 후세에 남기기 위해 채택되었다. 그런데 이들 협약은 모두 각각의 목적과 보호 대상을 가지고 있어 지구 전체의 생물다양성을 포괄하기에는 미흡한 점이 있었다. 이러한 한계를 극복하기 위해 1992년 브라질 리우에서 열린 '환경과 개발에 관한 국제회의(유엔환경개발회의)'에서 생물다양성 협약(Convention on Biological Diversity)이 채택되었다.

생물다양성 협약은 급속도로 진행되는 생물다양성의 감소 현황을 국제적으로 인식하고 공동 대응하기 위한 것이다. 기존 협약들이 생물다양성의 일부분과 관련된 것이라면 생물다양성 협약은 특정 지역이나 종에 한정되지 않은 포괄적인 틀을 규정한다. 그래서 생물다양성 협약을 프레임워크(framework) 협약이라고도 한다. 이러한 취지는 생물다양성 협약문 중의 '지구의 모든 생명을 위해서'라는 문구에도 나타나 있다.

1992년 생물다양성 협약의 채택 당시 158개국이 서명하였고, 1993년 12월에 발효되었다. 현재 190개 이상의 국가와 유럽연합이 협약에 참가하고 있다. 우리나라는 1994년 154번째 회원국으로 가입하였다. 미국은 생물다양성 협약에 참여하지 않은 유일한 선진국이다. 이는 미국의 많은 제약회사와 종자회사들이 생물자원에 관한 자신들의 지적 재산권을 보호하려고 반대하기 때문인 것으로 여겨지고 있다.

생물다양성 협약의 목표는 크게 세 가지이다. 첫째, 생물다양성의 보전, 둘째, 생물다양성의 지속가능한 이용, 셋째, 유전자원의 이용에 따른 이익의 공평한 배분이다. 첫 번째 목표인 생물다양성 보전은 다양한 생물을 서식 환경과 함께 보전하는 것이다. 생물다양성 협약은 자연을 있는 그대로 '보호(preservation)'하는 것이 아니라, 어느 정도 범위 내에서 이용하면서 관리하는 '보전(conservation)'에 초점을 두고 있다. 이러한 관점은 두 번째 목표에도 반영된다. 인간의 생활을 위해 생물다양성을 이용하되 다음 세대도 지금과 같은 선택의 자유를 가지며 이용할 수 있도록 지속가능한 방식으로 이용해야 한다는 내용이다.

협약의 세 번째 목표는 생물 유전자원에 대한 접근과 이익 공유, 즉 ABS(Access to genetic resources and Benefit-Sharing)에 관한 내용이다. ABS는 2010년 당사국 회의에서 나고야 의정서가 채택된 이후 관심이 집중되고 있다. 유전자원은 자연 그대로가 아니라 의약품을 개발하거나 농작물과 가축을 육종하는 등 인위적 목적에 따라 많은 비용과 시간, 기술을 투입해야만 효용이 발생한다. 이 과정에서 유전자원을 풍부하게 보유한 국가와 이를 개발하여 판매하는 국가 사이에 서로 대립하는 문제가 종종 발생하는데, 이를 해결하기 위한 것이 세 번째 목표이다.

생물다양성 협약은 생물을 보전하기 위한 환경 협약임과 동시에 경제 협약이다. 특히 협약의 두 번째와 세 번째 목표는 생물자원의 이용과 이익 공유라는 다분히 경제적인 내용을 담고 있다. 비즈니스 계의 관심과 참여 없이는 생물다양성 협약의 목표 달성이 어려운 까닭도 여기에 있다.

생물다양성 협약에 가입한 국가들은 2년마다 당사국 회의(Conference of Parties, COP)를 개최한다. 사무국은 캐나다 몬트리올에 있다. 주요 의결사항은 워크숍 등의 소규모 회의에서 논의된 후 당사국 회의에서 결의문으로 채택된다. 협약에서 규정한 목적이나 의무를 실천하기 위한 구체적인 방법과 절차, 규제 내용은 의정서로 체결된다. 이때 선진국과 개발도상국 간의 의견이 첨예하게 대립하여 종종 결의문 채택에 어려움을 겪기도 한다. 기후변화협약이 매년 당사국 회의를 하면서 교토 의정서 등의 국제 메커니즘과 탄소 시장을 형성해 온 반면, 생물다양성 협약은 상대적으로 정체된 측면이 있다. 그 이유로 생물다양성 정량화의 어려움, 목표 설정의 애매함, 선진국과 개도국 간의 의견 대립 등을 들 수 있다.

한편, 2002년 네덜란드 헤이그에서 열린 여섯 번째 당사국 회의에서는 2010년까지 생물다양성의 손실 속도를 현저히 감소시킨다는 목표를 채택하였다. 그리고 네 가지 전략 목표로서 생물다양성 협약이 리더십을 발휘할 것, 생물다양성 협약국이 경제적·인적 자원, 과학기술을 개선할 것, 국가별 생물다양성 보전 대책을 통하여 협약 목표를 달성할 것, 다양한 이해관계자의 참여를 확대할 것을 설정하였다. 하지만 2010년 국제 생물다양성의 날(5월 22일)에 발표된 '지구의 생물다양성 개황(Global Biodiversity Outlook2)'에 따르면, 위의 목표는 거의 달성되지 않았다. 2002년에 정한 21개의 개별 목표 중에서 달성된 것이 하나도 없었다. 오히려 멸종위기종은 증가하였고, 서식지 감소 및 분단화도 심각해졌다. 생태계 서비스의 손실도 더욱 커졌다.

2002년에는 생물다양성 협약의 10주년을 기념하기 위해 남아프리카 요하네스부르크에서 '지속가능한 개발에 관한 세계정상회의', 이른바 '리오+10 회의'가 열렸다. 이 회의에서는 리오 회의에서 채택된 어젠다 21을 구체적인 행동으로 실천하기 위한 요하네스부르크 선언이 채택되었다. 여기에 지속가능한 개발을 위한 기업의 책임 필요성에 관한 내용이 포함되었다. 생물다양성 협약문에는 기업의 협력을 명시하고 있지만 대부분의 기업은 무관심했다. 전문가들조차도 생물다양성 문제는 생태계의 문제이지 기업과 경제의 문제로 인식하지 않는 경우가 많았다.

2006년 브라질 쿠리치바(Curitiba)에서 열린 여덟 번째 당사국 회의를 계기로 기업의 적극적 참여에 대한 인식이 높아졌다. 이 회의에서 기업은 생물다양성에 큰 영향을 미치면서도 생물다양성을 가장 배려하지 않는 주체로 지적되었다. 생물다양성 협약의 목적 달성을 위한 기업 참여 결의안도 채택되었다. 이는 생물다양성에 대한 기업 참여를 촉구하기 위한 것으로 생물다양성에 커다란 영향을 미치는 기업이 중요한 역할을 해야 한다는 내용이었다. 이에 따라 협약국 정부는 각국의 모든 기업에 생물다양성 보전에 대응하도록 촉구하였다.

국제 생물다양성의 해인 2010년에는 일본 나고야에서 당사국회의가 열렸다. 협약국들은 생물다양성이 점점 악화되고 있음을 확인하고 나고야 의정서와 아이치(愛知) 목표를 채택하였다. 나고야 의정서는 생물 유전자원의 공평한 이용에 관한 최초의 법적 구속력이 있는 국제 체제이다.[1) 나고야 의정서의 목적은 생물 유전자원의 이용에서 발생하는 이익을 자원 제공국과 이용국이 공평하게 공유하는 것이다.

나고야 회의에서는 2020년까지의 'Post-2010 생물다양성 보전 중기전략계획', 일명 아이치(愛知) 계획도 채택되었다. 2050년까지의 장기 목표는 '생물과 공생하는 세계', 2020년까지의 단기 목표는 '생물다양성의 손실을 막기 위한 효과적이면서도 신속한 행동의 실시'로 설정되었다. 또한, 표와 같이 다섯 개의 전략 목표별로 개별 목표를 설정하였다. 아이치 계획은 이전의 전략 목표에 비해서는 구체적이지만, 어떠한 지표를 사용하여 목표를 관리할 것인지 등이 제시되지 않는 등 문제점도 지적되었다.[2)

<Post-2010 생물다양성 보전 중기전략계획의 개별 목표>

비전	2050년까지 자연과 공생하는 세계를 실현한다.
미션	생물다양성의 손실을 멈추기 위해 필요한 효과적이고 신속한 행동을 실시한다.
개별목표	전략목표 A: 생물다양성을 사회에 널리 확산시켜, 생물다양성 손실의 근본 원인에 대처한다.
	1. 사람들이 생물다양성의 가치와 그의 보전 및 지속가능한 이용을 위한 행동을 인식한다.
	2. 생물다양성의 가치를 국가 계획에 반영한다.
	3. 생물다양성에 유해한 정책을 폐지 및 개혁하고, 생물다양성의 보전과 지속가능한 이용을 장려하기 위한 조치(보조금 포함)를 수립, 시행한다.
	4. 정부 및 모든 관계자가 지속가능한 생산 및 소비를 위한 행동 계획을 실행하고, 자연자원의 이용을 생태학적으로 충분히 안전한 범위 내로 억제한다.

---

1) 나고야 의정서는 2000년 1월에 채택된 카르타헤나 바이오안전성 의정서에 이은 생물다양성 협약하의 두 번째 의정서이다. 카르타헤나 의정서는 유전자변형생물체(Living Modified Organism, LMO)의 이용 및 관리 조치에 관한 의정서로 2000년에 채택되어 2003월부터 발효되었다.

2) 古田尚也,「よくわかる環境法」生物多様性条約愛知目標, Nikkei Ecology, 2011.03. pp.64~65.

	전략목표 B: 생물다양성에 대한 직접적 압력을 감소시키고, 지속가능한 이용을 촉진한다.
	5. 산림 등의 자연서식지의 손실 속도를 적어도 반감시키고, 서식지의 악화 및 분단을 현저하게 줄인다.
	6. 수산자원을 지속적으로 관리 및 이용하고, 어획량을 적정히 하며, 생태계의 재생 계획 및 대책을 실시한다.
	7. 농업, 양식업, 임업지역을 생물다양성을 고려하여 지속적으로 관리한다.
	8. 생물다양성에 유해한 영향을 미치지 않도록 환경오염을 억제한다.
	9. 침략적 외래종의 정착 경로를 확인하여 절멸시키는 등 관리 대책을 세운다.
	10. 기후변화 등에 취약한 생태계에 대한 인위적 압력을 최소화한다.
	전략목표 C: 생태계, 종 및 유전자의 다양성을 보호한다.
개별 목표	11. 생물다양성에 중요한 지역(육지의 17%, 연안 및 해역의 10%)을 효과적으로 보전한다.
	12. 멸종위기종의 감소를 방지하고, 보전상황을 개선한다.
	13. 작물과 가축의 유전자 다양성을 유지하고, 보호하기 위한 전략을 실시한다.
	전략목표 D: 생물다양성 및 생태계 서비스로부터 얻는 혜택을 강화한다.
	14. 원주민과 빈곤층 등 약자를 배려하면서 생태계 서비스를 회복 및 보전한다.
	15. 악화된 생태계의 15% 이상을 회복하고, 생태계 보전을 통하여 기후변화의 완화 및 적응, 사막화에 대처한다.
	16. 국내법제도에 따라 나고야 의정서를 시행한다.
	전략목표 E: 참가형 계획을 입안하고, 지식 관리와 능력 개발을 강화한다.
	17. 각 조약국이 효과적인 참가형 생물다양성 국가전략 및 행동계획을 수립한다.
	18. 원주민과 지역사회의 전통적 지식 등을 존중하고 널리 확산시킨다.
	19. 생물다양성에 관한 지식, 과학, 기술을 개선하고 널리 적용한다.
	20. 전략계획을 실시하기 위한 자금동원을 현저히 늘린다.

2. 생태계 및 생물다양성의 경제학

생물다양성 협약과 국제적 논의에 이론적 배경을 제공한 대표적인 국제 연구 프로젝트가 있다. 앞에서도 언급하였던 '밀레니엄생태계평가

(Millennium Ecosystem Assessment, MA)'와 '생태계 및 생물다양성의 경제학(The Economics of Ecosystems and Biodiversity, TEEB)'이다. 전자는 생물다양성과 인간의 복리에 초점을 둔 연구이고, 후자는 생물다양성의 경제학적 측면을 분석한 연구이다.

밀레니엄생태계평가는 2001년 아난 유엔 사무총장의 제안으로 시작되었다. 다양한 국제기관과

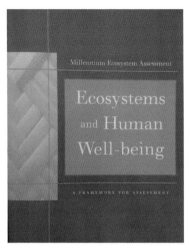

<밀레니엄생태계평가 연구보고서>

정부, 기업, 시민단체를 포함하는 95여 개국 1,300여 명 이상의 과학자가 참여한 대형 연구사업이었다. 이 연구는 1950년부터 2000년까지 전 세계의 생태계 현황을 분석하여 인간활동에 기인한 생태계 악화와 생태계 서비스의 손실을 구체적으로 분석하였다. 백캐스팅(backcasting) 기법3)을 사용하여 2000년부터 2050년까지의 시나리오에 따른 정책을 제시하였다.

밀레니엄생태계평가 연구보고서는 2005년에 발표되었다. 보고서는 주요 생태계의 현황과 동향, 생태계의 보전과 지속가능한 이용, 인간 복리(wellbeing)에 미치는 영향과 같은 내용을 담고 있다. 기존의 많은 생태계 연구와는 달리 인간의 복리(wellbeing)를 중심에 두고 생태계 서비스의 개념과 현상을 구체화하였다는 점에서 의의가

---

3) 바람직한 미래상이나 시나리오를 설정하고 그를 달성하기 위한 계획과 정책을 추진하는 방식.

높다. 이 연구를 통하여 생태계 서비스라는 개념이 구체화되어 널리 알려지게 되었다.

'생태계 및 생물다양성의 경제학(TEEB)' 연구는 생물다양성의 경제적 측면에 초점을 두고 다양한 정책을 제안하였다. 이는 2007년 5월 G8 국가와 주요 개발도상국이 시작한 글로벌 연구 프로젝트이다. 유럽연합과 독일 정부 등의 재정적 지원을 받아 전 독일은행 경제학자인 파반 수크데프(Pavan Sukhdev) 씨가 연구를 주도하였다.

'생태계 및 생물다양성의 경제학(TEEB)'의 연구 목적은 두 가지이다. 첫 번째는 생물다양성의 경제적 가치를 파악하고 대책을 마련하지 않았을 경우 어느 정도의 손실이 발생할 것인지를 예측하는 것이다. 두 번째는 각국의 정책 결정자와 지방자치단체, 사업자와 시민들에게 생물다양성을 보전하기 위한 다양한 정책방안을 제시하는 것이다.

TEEB의 주요 활동내용

(1) 인류가 다양한 형태로 생물다양성에 의존하고 있음을 구체적 사례와 함께 명시한다.
(2) 생물다양성이 보전되지 않았을 경우 생물다양성의 손실 및 악화에 따른 경제 영향을 분석한다.
(3) 다양한 생물다양성 및 생태계 서비스의 가치에 대한 세계 공통의 경제적 평가 방법을 제시한다. 그중 하나로 GDP에 생물다양성 가치를 포함시키는 방법을 제시한다.
(4) 생물다양성과 생태계 서비스에 관한 비용편익을 측정하여, 투명하고 많은 이해관계자가 이해하기 쉬운 방법을 제시한다.

---

(5) 생물다양성과 생태계 서비스의 보전에 따른 이익을 적절히 분배하여 보전활동에 사용하는 정책을 제안한다.

(6) 사회경제활동에서 생태계 서비스에 관련된 새로운 시장에 관한 정책을 제안한다.

'생태계 및 생물다양성의 경제학(TEEB)'은 2008년에 중간 보고서를, 2010년 나고야 회의에서 최종 보고서를 발표하였다. 보고서는 새로운 과학적 연구를 실시했다기보다는 그동안 발표된 전 세계의 과학적 지식과 논문을 폭넓게 집대성한 것이다. 세계자연보전연맹(IUCN), 세계지속가능발전기업협의회(WBCSD), 일본경제단체연합회 등 많은 기관이 참가하였고, 보고서의 집필자와 리뷰어만 500여 명이 넘었다.

'생태계 및 생물다양성의 경제학(TEEB)' 보고서가 생물다양성판 스턴 보고서(Stern Reviews)[4]라고 불리는 이유는 생물다양성의 경제적 측면을 주로 다루었기 때문이다. '생태계 및 생물다양성의 경제학(TEEB)' 연구는 지금까지 충분히 알려지지 않았던 생물다양성의 경제적 가치를 지구 규모에서 추정하여 그 중요성과 영향의 심각함을 알기 쉽게 널리 알렸다. 생물다양성의 지속적인 감소 원인을 경제학적으로 분석하고 시장 메커니즘을 포함한 다양한 정책 방안을 제안하였다.

보고서에 따르면 현재 인류는 육지 생태계만 해도 매년 거의 50억 유로에 이르는 생태계 서비스를 잃고 있다. 따라서 아무런 대책도

---

4) 기후변화 문제의 경제학적 측면을 분석한 보고서로 온실가스 감축을 위한 신속한 조치를 취하지 않을 경우 지구온난화 대책 비용이 세계 GDP의 5~20%에 이를 것이라고 경고하였다. 영국의 경제학자이자 전 세계은행 수석연구원인 니콜라스 스턴 경이 영국 정부의 위탁과제로 2006년 작성하였다.

하지 않으면 2050년까지 약 7억 5천만 헥타르(ha)의 자연 지역이 손실될 것이고, 그에 따른 경제적 손실이 세계 GDP의 7%에 이를 수 있다. 연구팀은 기업활동과 생물다양성 간의 경제적인 관계도 지적했다. 세계에서 상위 3천 개 기업의 활동에 의한 환경비용, 즉 온실가스 배출량, 물 이용량, 대기오염물질 배출량, 폐기물 등에 의한 비용이 2008년 2조 달러를 초과하였다. 이는 기업 총 수익의 7%, 총이익의 3분의 1에 해당하는 액수이다.[5]

보고서는 정책결정자, 지방자치단체, 기업, 시민을 대상으로 각각 행동의 방향성과 대응 방안을 제시하였다. 보고서의 기업 편에는 기업활동이 생물다양성에 어느 정도 의존하는가를 평가하는 틀과 재무 보고와의 통합 방안 등이 나타나 있다. 생물다양성 보전을 위한 기업의 일곱 가지 행동 방침도 제시되었다. 이에 따르면 기업은 생물다양성에 대한 영향과 의존도를 분석하여 리스크와 기회를 평가하고 지속적으로 관리해야 한다. 또한, 옵셋(offset) 등을 통하여 생태계 서비스에 대한 리스크를 완화하고 관련된 비즈니스 기회를 파악하여 경영전략에 통합해야 한다.

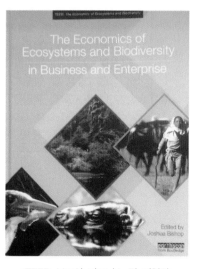

\<TEEB 보고서 비즈니스 및 기업편\>

5) TEEB(2010), The Economics of Ecosystems and Biodiversity: Mainstreaming the Economics of Nature: A synthesis of the approach, conclusions and recommendations of TEEB.

보고서는 생물다양성과 빈곤 문제와의 관련성도 지적했다. 전 세계 빈곤층은 산림이나 해안 지역에 거주하면서 목재 연료를 이용하는 등 자연자원에 직접 의존하여 생활하는 경우가 많기 때문에 생물다양성의 손실에 따른 리스크에 가장 많이 노출되어 있다. 따라서 빈곤층을 배려하면서 생물권(Biosphere) 경제를 구축하는 것이야말로 생물다양성의 보전을 위한 중대한 사안이다. 생물권 경제는 자연 위에 군림하고 지배하는 대신 자연과의 조화를 추구한다.

TEEB이 제시하는 기업의 행동방침

(1) 생물다양성 및 생태계 서비스에 대한 기업의 영향과 의존도를 분석한다.
(2) (1)에 근거한 기업의 리스크와 기회를 평가한다.
(3) 생물다양성 및 생태계 서비스에 관한 정보시스템을 개발하고, SMART 목표를 수립하며 성과를 평가 및 보고한다.
(4) 가능한 한 옵셋(offset) 등을 통하여 생태계 서비스에 대한 리스크를 회피·최소화·완화한다.
(5) 생물다양성 및 생태계 서비스와 관련된 비즈니스 기회를 파악한다.
(6) 기업의 사회적 책임을 확대하여 생물다양성 보전대책과 경영전략을 통합한다.
(7) 정부, 시민단체 등의 이해관계자들과 협조한다.

---

3. 공짜가 아닌 생물 유전자원

북아메리카 마다가스카르가 원산지인 일일초(Catharanthus roseus)는 '즐거운 추억'이라는 꽃말을 지닌 한해살이풀이다. 꽃이 매일 핀다고 일일초라는 이름이 붙여졌다고 한다. 일일초는 보기에 아름다워 정원이나 화분에서도 재배되지만 일일초 알칼로이드(Vinca alkaloids)와 빈크리스틴(vincristine)이라는 의약 성분을 포함하고 있어 항암제 원료로도 널리 사용된다. 이처럼 생물자원에 포함된 의약 성분을 이전에는 누구든지 채취하고 연구하여 상업적으로 이용할 수 있었다. 하지만 이제는 더 이상 그럴 수 없다.

얼마 전까지만 해도 유전자원은 인류 공동의 재산이라는 인식이 팽배하여 소위 먼저 차지하는 사람이 임자였다. 국경을 초월하여 유전자원을 먼저 발견한 사람이 채취하고 연구하여 의약품이나 화장품과 같은 고부가가치 상품을 개발하였다. 그러한 과정에서 유전자

©Arria Belli.

<일일초(Catharanthus roseus)>

원이 풍부한 개발도상국과 자금과 기술을 바탕으로 유전자원을 이용하는 선진국 간에 여러 가지 문제가 발생하였다. 선진국의 기업들은 유전자원을 제공하는 국가에 아무런 보상 없이 유전자원을 이용하여 식품이나 의약품 등을 개발하고 막대한 이익을 올리곤 하였다. 그 반면에 유전자원을 제공하는 개발도상국들은 너무나 빈곤하여 자국의 유전자원을 이용하여 개발된 제품조차 구입할 수 없었다. 이와 같은 불평등 양상이 심화되자 유전자원의 무단 이용을 생물 해적 행위(Biopiracy)로 비난하고 개선을 요구하는 목소리가 높아졌다.

유전자원의 이용에 관한 개발도상국과 선진국 사이의 갈등이 더욱 격화된 것은 첨단 생명공학이 급속히 발전한 1980년대 후반부터였다. 선진국은 최첨단 생명공학을 이용하여 식품이나 의약품을 개발하고 커다란 수익을 얻었으나, 유전자원을 제공한 국가에는 보상하지 않았다. 개발도상국은 생물다양성 보전책임만 부담하고 유전자원에서 발생한 이익을 선진국만 독점하는 것은 형평성에 어긋난다는 주장을 펼쳤다.

1992년에 채택된 생물다양성 협약의 목표 조항의 하나로 유전자원의 접근 및 이익 공유(Access to genetic resources and Benefit-Sharing), 즉 ABS 개념이 포함되었다. 생물다양성 협약에서는 유전자원을 "식물, 동물, 미생물, 해양생물이나 그로부터 추출된 유전적 기능을 지니는 실제적 또는 잠재적 가치를 지니는 소재"로 정의하였다. 원산국이 유전자원에 대한 주권적 권리를 지니므로 유전자원의 이용으로 얻어지는 이익을 원산국에 공평하게 배분해야 할 것으로 규정하였다.

유전자원은 일반적으로 유전소재와 유전정보, 전통적 지식으로 구분된다. 유전소재는 식물이나 토양 미생물 등 생물에서 추출한 화학물로서 제품의 생산 공정에 직접 투입되는 원료이다. 이를테면 각종 의약품이나 식품 등에 사용되는 원재료를 말한다. 유전정보는 유전자 코드와 같이 유전자원에 내재하는 정보를 말한다. 의약품 등의 제품 개발은 유전자원에 포함된 유전정보를 해석하여 이루어진다.

전통적 지식은 지역사회의 원주민들에 의해 오랫동안 대대로 전해져 온 지식이다. 약용 식물의 활용법이나 재배 방법, 채취 장소에 관한 노하우는 전통적 지식의 한 예이다. 전통적 지식에서 힌트를 얻어 새로운 제품을 개발하는 기업은 전통적 지식을 소유한 지역사회로 이익을 배분해야 한다. 전통적 지식은 종종 소유권의 경계를 정하기에 애매하므로 그 대상이나 범위를 사전에 명확히 해야 한다.

하지만 생물다양성 협약이나 그 후 정해진 국제 가이드라인은 유전자원에 관한 이익 공유의 포괄적인 방향만을 제시할 뿐 의무적인 규정은 아니었다. 따라서 실제 현장에서는 잘 지켜지지 않는 경우도 많았다. 생물 해적 행위를 둘러싼 소송이나 특허 취소 사례도 종종 발생하였다. 남아프리카에 서식하는 선인장의 일종인 후디아(Hoodia)는 원주민인 산(san)족이 장기간 사냥하는 동안 배고픔을 느끼지 않기 위해 예로부터 먹어온 식물이다. 이에 착안한 제약업체 파이토팜(Phytopharm)과 화이자(Pfizer)가 식욕억제제를 개발하여 특허를 출원하였고 유니레버가 이후 건강보조제로 출시하였다. 하지만 지역 NGO가 산족의 합의를 얻지 않고 유전자원을 무단으로 사용하는 것에 대해 생물 해적 행위로 비난하며 소송을 걸었다. 결국 2002년 특허 출원이 취소되었고 기업들은 산족에게 보상을 했다.

©Meistereck.

<남아프리카의 후디아(Hoodia)>

이와 유사한 사례가 곳곳에서 발생하였다. 2000년대 초반 시세이도(Shiseido)는 인도네시아의 야생 허브를 이용한 화장품 원료에 대해 51건의 특허를 취득하였다. 하지만 유전자원의 무단 이용에 대한 현지 NGO의 반발로 모든 특허를 취소해야만 했다. 2000년대 중반에는 프랑스 코그니스(Cognis)가 페루의 전통지식과 토착식물을 이용하여 화장품 원료의 특허를 등록하려 하였으나 페루 정부와 토착민들의 반대로 무산되었다.

생물다양성 협약이 발효된 이후 기업들이 자발적으로 '유전자원의 접근 및 이익 공유(ABS)' 계약을 체결한 사례도 있다. 이를 위해 개발도상국들은 유전자원의 재산권을 행사할 수 있는 국내법을 정비하였다. 1995년 필리핀을 시작으로 코스타리카, 브라질, 인도 등에서도 국내법이 만들어졌다. 또, 유전자원은 한 국가가 아닌 여러 국가에 걸쳐 분포하기도 하므로 안데스 협정국, 동남아시아연합국, 아프리카연합 등 지역 차원의 제도도 만들어졌다.

'유전자원의 접근 및 이익 공유(ABS)'에 관한 계약 내용은 일반적으로 당사국 간의 비밀로 하기 때문에 공개되지 않아 상세한 내용을 파악하기는 어렵다. 지금까지 공개된 사례들 중에서 잘 알려진 것이 1991년 남미 코스타리카의 국립생물다양성연구소(INBio)와 미국의 제약회사 머크(Merch)사 간의 계약이다. 국립생물다양성연구소(INBio)가 유전자원의 샘플 1만 개를 머크(Merch)사에 제공하는 대신에, 머크(Merch)사는 100만 달러의 연구 자금과 13만 달러의 연구 기재 및 기술 협력을 제공하였다. 계약을 통하여 머크(Merch)사는 독점적인 연구 개발 권리를 얻었다. 국립생물다양성연구소(INBio)와 코스타리카 정부는 의약품의 상업화가 성공할 경우 수익의 일부를 로열티로 받기로 했다.

'유전자원의 접근 및 이익 공유(ABS)' 협상에서 가장 오랜 시간이 걸리는 것은 금전적 이익 배분이다. 생물 유전자원을 통해 공유되는 이익에는 금전적인 것과 비금전적인 것이 있다. 금전적 이익 배분은 단기, 중기, 장기로 구분된다. 단기에는 유전자원에 대한 접근료(Access fee)가 있다. 식물 샘플 건조중량 1kg당 접근료가 대략 25~200달러, 미생물은 1개당 20~140달러로 보고되었다.[6] 접근료는 샘플이 원재료 그대로 제공되는지, 아니면 과학적 처리가 이루어

---

6) 林希一郎(2010), 生物多様性・生態系と経済の基礎知識, 中央法規.

진 후에 제공되는지에 따라 다르다.

중기 이익 배분에는 연구 개발 단계별로 지불하는 마일스톤(milestone) 지불이 있다. 제품의 연구 개발이 진행됨에 따라 단계별로 일정 금액을 유전자원 제공국가에 지불하는 것을 말한다. 연구 개발 단계에서 지역사회 사람들에게 급여를 지불하거나 제품 개발이 일정 단계에 도달했을 때 유전자원 제공국에 일정 금액을 지불하기도 한다.

장기적 이익 배분에는 로열티나 라이선스료가 있다. 로열티 배분 비율은 일반적으로 비밀사항이지만, 대략 0.5~2%, 부가가치가 부여된 경우에는 1~4% 정도인 것으로 추정된다.[7] 한편, 비금전적 이익으로는 지식의 공유, 상업화 단계에서의 유전자원 제공국의 참가, 능력 개발과 사회적 공헌 등을 들 수 있다.

기존의 사례들을 보면 금전적 이익 중 로열티와 비금전적 이익 중 연구개발 단계에서의 개발 성과 공유는 대부분 배분되었다. 유전자원에 관한 과학적 기초 연구는 대부분 선진국 기업과 연구기관이 협력하여 유전자원 제공국가에서 실시한다. 하지만 상업적 연구 개발은 주로 선진국에서 이루어지는데 이때 유전자원 제공국의 연구원도 참가할 수 있다. 상업화가 성공하면 금전적 이익의 일부를 개발도상국에 환원해야 한다.

---

7) 라이선스료가 지불되기까지 상당한 시간이 걸린다. 예를 들어, 의약품 개발에는 일반적으로 10~15년이 걸리는데, 채취한 유전자원 샘플 중에서 최종적으로 상업화에 성공한 비율은 수천 분의 1에서 수만 분의 1에 불과하다.

4. 공급망 상류까지 자연자본 개념을

경제학자 E. F. 슈마허는 1973년 그의 유명한 저서『작은 것이 아름답다』에서 '자연자본(natural capital)'이라는 말을 최초로 사용하였다. 40년이 지난 오늘날 이 자연자본이라는 개념이 다시 주목받고 있다. 이는 슈마허의 예측대로 인구증가와 경제활동이 확대되어 자연에 미치는 영향이 크게 증가하였기 때문이다. 자연자본은 현대사회의 생태학적 과소비를 줄이고 자연과 조화를 이루는 경제체제로 전환하기 위한 핵심 개념이다.

자연자본에 대한 국제적 논의는 2012년 6월 브라질 리우에서 열린 지구정상회담 20주년 기념 회의 '리오+20' 회의에서 본격화되었다. 리오 회의장에서 유엔환경계획 금융이니셔티브(UNEP FI)는 자연자본을 중시하는 기업에 대한 투융자를 우대하겠다는 '자연자본 선언'을 발표하였다. 전 세계 37여 개 금융기관이 이에 서명하였다. 여기서 자연자본은 '토양, 대기, 물, 동식물과 같은 지구의 자연자산'으로 정의되었다.

교토 대학 자연자본연구회는 "자연자본이란 자연에 의해 형성되어 인간에게 편익을 주는 재화"라고 정의했다. 또한, 자연자본을 토지(산림과 농경지), 기반 자원(대기, 물), 생물자원(농수산물), 비생물자원(화석연료, 광물자원), 지식전통(문화)의 다섯 가지로 구분하였다. 한편, 세계은행은 자연자본을 산림, 어업자원과 같은 재생 가능한 것과 광물, 화석연료와 같은 재생 불가능한 것으로 구분하였다.

자연자본은 자연을 가치를 창출하는 자산으로 보는 개념이다. 국

제통합보고위원회(International Integrated Reporting Council, IIRC)
는 기업활동에 필요한 여섯 가지 자본으로 재무자본, 제조자본, 지
적자본, 인적자본, 사회 및 관계자본과 함께 자연자본을 들었다. 이
는 자연도 다른 자본과 마찬가지로 손실과 이익을 측정하고 정량적,
목표 지향적으로 관리해야 함을 의미한다. 그리고 손실된 자연자본
에 대해 책임을 져야 함을 나타낸다. 2012년 리오 회의에서는 기업
이 공급망 전체에 자연자본의 개념을 도입하여 자연에 미치는 영향
을 정량적으로 평가해야 한다는 주장이 제기되었다.

　　이에 따라 자연자본의 손익을 기업이나 정부의 회계장부에 기록
하려는 움직임이 활발해지고 있다. 세계은행은 2010년부터 국가회
계에 생태계 서비스의 가치를 포함시키기 위한 'WAVES(생태계가
치평가)'라는 파일럿 프로젝트를 마다가스카르 등의 국가에서 시작
하였다. 그에 이어 50개 국가와 50개 기업이 자연자본의 가치를 회
계에 반영하도록 하는 '50:50 프로젝트'를 진행하였다. 영국, 프랑스
등 60여 개 국가와 유니레버, 네슬레, 월마트, 제록스, GM 등 90여
개 기업이 이 프로젝트에 참여하고 있다. 한편, 영국 정부는 2012년
부터 자연자본위원회를 두어 국가회계에 자연자본을 포함하기 위한
프로젝트를 시작하였다. 유엔환경계획 금융이니셔티브(UNEP FI)와
글로벌풋프린트네트워크(Global Footprint Network)는 국채의 신용
리스크에 생태계 리스크를 반영하기 위한 프로젝트를 진행하고 있
다. 이러한 움직임으로 보아 향후에는 S&P와 같은 신용평가기관이
국채를 평가할 때에 자연자본을 반영할 수도 있을 것이다.[8]

---

8) 馬場未希, 藤田香, ゼロから学ぶ自然資本, NikkeiEcology 2013.9.

현재의 동향으로 보아 앞으로는 자연자본을 중시하고 잘 관리하는 기업의 가치가 더욱 높아질 것이다. 기업활동이 글로벌화되면서 원료의 조달처도 전 세계로 확대되었다. 지역사회와 원활한 관계를 유지하면서 자연자원을 지속가능하게 이용하며 안정적으로 원재료를 조달하는 기업의 경쟁력이 높아질 것이다. 반대로 사업이 의존하는 자연자원이 고갈될 가능성이 높거나 불법 생산되고 있으면 기업의 경영 리스크가 커지게 된다.

세계자원연구소(WRI)는 AQUEDUST라는 전 세계의 물공급 리스크 지도를 웹사이트에 공개한다.[9] 물공급 리스크는 물의 채수 가능량에 대한 수요량으로 결정된다. 지도에서 붉은색이 진할수록 리스크가 높은 지역이다. 예를 들어, 중국 북부같이 물 리스크가 높은 지역에서 재배되는 면화를 원료로 사용하는 기업은 가뭄이 발생하면 원료조달 비용이 높아질 것이다.

기업이 자연자본에 미치는 영향은 공급망 전체에서 정량적으로 관리되어야 한다. 일반적으로 공급망 상류로 올라갈수록 농업이나 축산업과 같이 자연에 직접적으로 영향을 미치는 산업이 많다. 2012년 세계은행과 세계지속가능발전기업협의회(WBCSD)는 공급망의 자연자본을 정량화하는 방법을 개발하기 위해 '생태계 및 생물다양성의 경제학(TEEB) 기업동맹'을 발족하였다.

자연자본의 평가를 위해 현재는 주로 두 가지 방법이 사용된다. 하나는 컨설팅 회사 PwC가 개발한 방법으로 공급망 상류의 물 사용량, 토지 이용면적, 온실가스 배출량을 산정하여 어느 지역에서

---

9) http://aqueduct.wri.org/atlas

어느 정도 영향을 미치는지를 산출하는 방식이다. 무역 데이터를 활용한 산업연관분석의 하나로 독일 시멘스나 일본 산덴 등이 사용하였다. 또 다른 방법은 영국의 컨설팅회사 트루코스트(Trucost)가 사용하는 것이다. 이는 공급망 전체의 물 사용량, 토지 이용면적, 온실가스 배출량, 폐기물, 대기오염의 부하량을 산정한 후 금액으로 환산하는 방식이다. 독일 푸마, 미 코카콜라, 영국 버진애틀랜틱 항공 등의 수십여 기업이 사용하였다. 푸마는 2013년 출시한 생분해성 친환경 제품 시리즈의 환경비용을 분석하고 가격 태그에 표시하는 작업을 하였다.10)

자연자본에 대한 관심은 기업의 정보공개 방식도 바꿔놓을 전망이다. 앞으로 기업은 재무정보와 함께 환경 및 기업의 사회적 책임(CSR) 등 비재무정보를 통합한 보고서를 공개해야 할 것이다. 2012년 '리오+20' 회의에서는 상장기업들의 통합보고서 작성이 권고되었다. 국제통합보고위원회(IIRC)는 2013년 말까지 통합보고서의 틀을 만들기 위한 파일럿 프로젝트를 진행하였다. 유엔 GRI(Global Reporting Initiative)도 공급망 관점에서 생태계 부하량을 나타내는 가이드라인을 개발하고 있다. 기업은 그동안 환경보고서나 지속가능성 보고서를 통하여 물이나 원재료 사용량, 대기오염, 수질오염, 온실가스 감축량 등 부문적인 환경 부하량을 공개해왔다. 이에 비해 통합보고서는 공급망 전체의 자연자본이라는 개념을 반영하여 숨겨진 환경비용까지 금전화함으로써 기업의 리스크와 기회를 포괄적으로

---

10) '생태계 및 생물다양성의 경제학(TEEB)' 연합의 이사회 회원이기도 한 푸마는 1차에서 4차까지 공급망 전체의 환경 부하량을 온실가스, 물, 토지 이용, 대기오염 등의 항목으로 분류하여 금액으로 환산하였다. 자세한 사항은 Part 5에 서술한다.

판단할 수 있는 근거를 제공한다.

'생태계 및 생물다양성의 경제학(TEEB)'은 산업 업계별로 적용할 수 있는 환경비용의 산정 및 정보공개 방법론을 개발하고 있다. 여기에 세계지속가능발전기업협의회(WBCSD)를 비롯하여 유엔 GRI, 국제통합보고위원회(IIRC), 세계은행, 유엔환경계획, 세계자연보호기금(WWF) 등 많은 기관이 협력하고 있어 향후 국제 표준으로 사용될 가능성도 높다.

'생태계 및 생물다양성의 경제학(TEEB)' 연구를 주도하고 유엔환경계획(UNEP)의 녹색경제보고서를 주필했던 파반 수크데프(Pavan Sukhdev)는 닛케이 에콜로지(Nikkei Ecology)와의 인터뷰에서 다음과 같이 말했다. "2020년 이전에 자연자본 회계의 표준화가 실현될 것이다. 규모의 성장만을 중시했던 갈색경제(brown economy) 시대에는 자연을 외부화된 비용으로 여겨 기업은 자연환경을 악화시켜도 돈을 지불하지 않았다. 하지만 녹색경제를 지향하는 2020년대에 기업은 외부화된 환경비용을 측정하고 책임져야 할 것이다."

5. 생물다양성 비즈니스가 필요한 이유

생물다양성 보전을 위해 널리 사용되는 방법 중의 하나가 생물다양성이 높은 지역을 보호구역으로 지정하여 인위적 영향을 제한하는 것이다. 현재 전 세계에는 10만 개 이상의 보호구역이 존재하는데 이는 육지 면적의 12%를 차지한다.[11] 2010년 나고야에서 채택된 아이치 목표 중의 하나도 글로벌 보호구역의 면적을 2020년까지 육지 면적의 17%로 증가시키는 것이다. 하지만 보호구역의 면적이 매년 증가하고 있음에도 불구하고 생물다양성의 감소를 멈추기에는 역부족인 듯하다. 현재와 같은 경제체제, 즉 생산과 소비 패턴이 지속되는 한 생물다양성의 손실은 점점 가속화될 수밖에 없다는 것이 많은 전문가의 견해이다.

빈곤 문제에 대한 적절한 대응 없이는 개발도상국의 생물다양성을 보전하기 어렵다. 지구 상에서 생물다양성이 풍부한 지역은 대부분 열대지역의 개발도상국에 위치한다. 빈곤층이 많이 거주하는 개발도상국에서는 나무를 벌채하여 대규모 플랜테이션을 조성하고 임산물과 어류 등의 자연자원에 의존하며 생계를 유지한다. 이러한 국가에서도 생물다양성 보전을 위해 보호지역을 지정하고 있으나 실제로는 예산이 부족하여 지도상의 보호구역(paper park)인 경우가 많다. 예를 들어, 1980년대에 코끼리 수가 급감했던 아프리카에서 보호지역에 할당된 연간 예산은 겨우 5~15달러/km^{2}에 불과할 정도로 열악했다.[12] 따라서 지구의 생물다양성을 보전하기 위해서는 개발도상국에 일정 정도의 자금이 지원되어야 한다.

지구의 생물다양성을 보전하기 위해서는 어느 정도의 자금이 필요할까? 국제자연보전연맹(IUCN)에 따르면 현재 연간 2백억 달러 정도가 전 세계의 생태계 보전 활동에 사용되고 있다.[13] OECD는

---

11) Bishop, J., Kapila, S., Hicks, F., Mitchell, P. and Vorhies, F.(2008), Building Biodiversity Business, Shell International Limited and the International Union for Conservation of Nature: London, UK, and Gland, Switzerland.

12) 林希一郞(2010), 生物多樣性·生態系と經濟の基礎知識, 中央法規.

13) IUCN&Shell(2008), Building biodiversity business.

세계 산림 면적의 절반 정도를 보호하는 데에만 연간 약 3천억에서 5천억 달러가 필요하다고 했다. 이는 전 세계의 연간 정부개발원조 (ODA) 총액인 1천억 달러보다 훨씬 많은 액수이다. 또, 생물다양성의 손실을 막기 위해서는 현재 보호구에 투입되는 자금의 5배 이상이 투입되어야 한다는 의견도 있다.14)

개발도상국에 생물다양성 보전 자금을 공급하는 방법 중의 하나가 지구환경기구(Global Environment Facility, GEF)이다. 지구환경기구(GEF)는 국제부흥개발은행(International Bank for Reconstruction and Development)과 유엔개발계획(UNDP), 유엔환경계획(UNEP)에 의해 1991년에 설립되었다. 지구환경기구(GEF)는 전 세계 국가들로부터 신탁 기금을 모아 기후변화와 생물다양성, 오존층 보호 등과 관련된 사업을 실시한다. 지구환경기구(GEF) 설립 이후 약 16억 달러 이상이 생물다양성 보전 사업에 공여되었다. 하지만 산림 보전만 해도 연간 수천억 달러가 필요한 현실에서 자금이 절대적으로 부족할 뿐 아니라, 사업 단위별로 자금이 지원되기 때문에 지속적인 관리가 어렵다.

개발도상국에 자금을 지원하는 방법으로 환경스왑(Debt for Nature Swaps, DfNSs)이라는 것도 있다. 이는 1980년부터 시작되었는데, 개발도상국의 부채를 면제해주는 대신에 자연보호를 하도록 하는 것이다. 최근에는 미국이 3천만 달러의 부채를 면제하는 대신에 인도네시아 수마트라 섬의 산림을 보호하는 계약을 체결하였다.15) 하지만 환경스왑도 사업 단위별로 이루어지기 때문에 대상지를 지속

---

14) 生物多樣性COP10, 環境ビジネス, 日本ビジネス出版, 2010.10. pp.32~56.

15) 林希一郎(2010), 生物多樣性・生態系と經濟の基礎知識, 中央法規.

적으로 관리하기는 어렵다.

이와 같은 배경하에서 생물다양성 보전을 위한 새로운 시장 메커니즘의 필요성과 생물다양성 비즈니스의 개념이 부상하고 있다. 생물다양성에 대한 기존 접근 방식의 한계를 벗어나 시장 메커니즘을 통하여 생물다양성 보전을 위한 새로운 자금을 공급하기 위해서이다. 이를 혁신적 자금 메커니즘(Innovative Financial Mechanism)이라고 한다. 혁신적 자금 메커니즘은 생물다양성과 생태계 서비스의 경제적 가치를 평가하고 외부성을 내부화하여 민간 자금을 활용하기 위한 것이다. 생물다양성 협약 당사국 회의에서는 혁신적 자금 메커니즘으로서 국제 수준의 생태계 서비스 지불 제도와 생물다양성 옵셋, GDM(Green Development Mechanism), 그린 인증 제품, 세제 개혁 등이 논의되고 있다.

생물다양성 협약문에서도 시장 메커니즘을 활용한 생물다양성 보전을 촉구하고 있다. 보조금과 같은 경제적 인센티브를 두거나 생태여행, 유기농업과 같이 생물다양성 보전을 촉진하는 새로운 시장을 만드는 것이다. 기후변화를 유발하는 온실가스에 탄소세를 부과하듯이 생물다양성을 훼손하는 활동에 세금을 부과할 수도 있다. 세금이 부과되면 제품 가격이 올라가 소비량이 억제되고 생물다양성에 미치는 악영향도 줄어든다.

시장 메커니즘의 필요성은 다양한 국제회의와 기관을 통해서도 제기되었다. 2007년 독일 포츠담의 G8 환경정상 회담에서 채택된 '포츠담 이니셔티브-생물다양성 2010'에서도 생물다양성 손실이 경제에 미치는 영향을 고려하여 생산과 소비 패턴을 바꾸기 위한 다양한 유도 정책과 자금 조달 방법이 필요함을 지적하였다. OECD

도 '생물다양성의 경제적 측면에 관한 작업부회(working group on economic aspects of biodiversity)'를 두어 시장 메커니즘을 통한 생물다양성 보전의 필요성을 제기해왔다. 2004년 OECD는 '생물다양성 보전과 지속가능한 이용을 위한 경제적 방법의 활용에 관한 이사회 권고안'을 채택하여 회원국의 실행을 독려하였다.

시장 메커니즘은 새로운 비즈니스로 이어진다. UN의 밀레니엄생태계평가 보고서는 "생태계 서비스에 대한 영향을 완화하면서 이를 효율적으로 이용하거나 거래하려는 수요 증가는 새로운 비즈니스 기회를 창출한다"고 하였다. 에너지, 생태관광, 유기농업, 지속가능한 임업 등 생물다양성과 관련된 비즈니스 기회는 2050년까지 2조 달러에서 6조 달러에 이를 것으로 보인다.[16]

생물다양성은 새로운 비즈니스 모델을 구축하는 기반이 되기도 한다. 국제자연보전연맹(IUCN)은 이를 '생물다양성 비즈니스(Biodiversity Business)'라고 하였다. 생물다양성 비즈니스란 생물다양성을 보전하고 생물자원을 지속가능하게 이용하면서 발생하는 편익을 공정하게 배분하는 활동을 통하여 수익을 창출하는 것을 말한다.[17] 이러한 정의는 생물다양성 협약의 세 가지 목표, 즉 보전과 지속가능한 이용, 이익 배분을 반영하는 것이기도 하다. 비즈니스를 통하여 생물다양성 협약의 목표를 달성할 수 있음을 제시한다. 자연자원의 지속가능한 관리에 있어 비즈니스가 점점 더 중요한 역할을 하게 될 것이다.[18]

---

16) WBCSD(2010), Vision 2050.

17) Bishop, J., Kapila, S., Hicks, F., Mitchell, P. and Vorhies, F.(2008), Building Biodiversity Business, Shell International Limited and the International Union for Conservation of Nature: London, UK, and Gland, Switzerland.

국제자연보전연맹(IUCN)은 2008년부터 생물다양성 보전 프로그램의 일환으로 생물다양성 비즈니스를 개발하는 프로젝트를 진행하였다.19) 국제자연보전연맹(IUCN)의 40여 명의 직원은 개발도상국에서 생물다양성 비즈니스를 개발하고 그 경험으로부터 얻은 교훈과 과제들을 보고서로 발표했다.20) 생물다양성 비즈니스는 생태계 보전에 대한 투자를 늘리고 그 편익을 공평하게 분배함으로써 개발도상국의 지속가능한 개발을 촉진할 수 있다.

국제자연보전연맹(IUCN)은 기업 쉘(Shell)과 공동 작성한 '생물다양성 비즈니스의 구축(Building biodiversity business, 2008)'이라는 보고서에서 다양한 유형의 비즈니스를 검토하였다. 지속가능한 농업과 임업, 유역 서비스를 위한 지불 시스템, 생태관광, 생물다양성 옵셋, 산림탄소흡수, 생물탐사(Bioprospecting) 등이 생물다양성 비즈니스의 한 유형이다. 한 예로, 지속가능한 임업은 생물다양성을 보전할 뿐 아니라 지역주민의 생활 향상에도 도움이 된다. 네팔, 인도네시아, 멕시코 등의 개발도상국을 중심으로 지역사회에 기반을 둔 소규모 임업 회사들이 확산되고 있다. 멕시코에서만 750여 개 지역사회가 목재 회사를 소유하고 있다. 열대우림동맹이나 세계자연보호기금(WWF)과 같은 국제단체들은 개발도상국의 소규모 임업 회사들이 인증을 획득하거나 국제시장에 접근할 수 있도록 지원한다.

일부 지역에는 이미 생물다양성과 생태계 서비스를 거래하는 시

18) Joshua Bishop(2012), The Economics of Ecosystems and Biodiversity in Business and Enterprise, Routledge.

19) IUCN(2009), The Time for Biodiversity Business. Gland, Switzerland: IUCN.

20) IUCN(2009), Lessons learned from building biodiversity business for conservation. Gland, Switzerland: IUCN. p.30.

장이 존재한다. 어업 분야에서는 매년 어업자에게 어획 할당량을 부과하고 거래하는 개별 할당제도(Individual Transferable Quata, ITQ)가 있다. 생태적으로 민감한 지역을 보전하기 위해 토지 이용권을 거래하는 개발권 양도 제도(Tradable Development Rights, TDRs)도 있다.

생물다양성 및 생태계 서비스를 거래하는 시장은 자발적 또는 규제적으로 형성된다. 자발적 시장은 예상되는 규제를 준비하거나 사회적인 성과와 평판 개선, 리스크 관리 차원에서 생태적 악영향을 적극적으로 줄이기 위해 만들어진다. 규제 시장은 정부가 할당한 생태계 손실 정도의 상한점인 캡(cap)을 기준으로 사용권(credit)을 거래하는 것이다. 온실가스를 줄이기 위한 탄소배출권 거래제도와도 비슷하다.

혁신적 자금 메커니즘의 하나로 논의되는 녹색개발체제(Green Development Mechanism, GDM)에서는 생물다양성판 캡앤트레이드(Cap and trade)를 고려하고 있다. 국가별로 매매 가능한 보전 의무량(Tradable Conservation Obligations)을 할당하여 미달성한 국가는 초과달성한 국가로부터 잉여량을 구매해야 한다. 마치 교토 의정서에서 정한 온실가스 감축 목표를 기초로 국가 간에 온실가스 배출권을 거래하는 것과 유사하다. 하지만 생물다양성의 경우 온실가스와는 달리 손실량이나 보전량을 평가하기 쉽지 않고, 지역마다 고유한 특성이 있으므로 실제 적용하기는 매우 어려울 것으로 보인다.

시장 메커니즘이 주목되는 이유는 생물다양성을 위협하는 근본 원인인 경제활동 방식 자체를 생태계 배려형으로 바꿀 수 있기 때문이다. 시장 메커니즘은 기업이 비즈니스를 억제하거나 일방적으로 보전 비용을 부담하는 것이 아니다. 오히려 기업활동을 통하여 수익 창출과 생물다양성 보전을 동시에 추구하는 것이다. 따라서 기업의 경영 활동에 생물다양성을 통합하고 지속적·자발적으로 생물다양성을 보전할 수 있는 수익 모델을 만드는 것이야말로 중요한 관건이다.

한편으로 시장 메커니즘은 생태계의 내재적 가치를 무시하고 돈으로 모든 걸 해결하려 한다는 측면에서 종종 비판받기도 한다. 하지만 현대사회가 시장경제체제에 기초하고 있다는 점을 생각하면 대량생산 및 소비 패턴을 지속가능한 방향으로 바꾸기 위한 현실적인 대안이라고 할 수 있다. 또한, 시장 메커니즘은 기존의 환경보전 정책을 대체한다기보다 보완하기 위한 것이다. 시장 메커니즘이 만병통치약은 아니지만 기존의 전통적인 접근법을 보완할 수 있는 효과적인 방법인 것이다.

Part **4**

생물다양성을
보전하는 시장
메커니즘

1. 불가피한 영향은 생물다양성 옵셋으로

옵셋(offset)이란 무언가를 상쇄, 보완 또는 대체한다는 의미이다. 우리말로 '상쇄'로 번역되거나 영어 발음 그대로 '옵셋' 또는 '오프셋'으로 불린다. 최근 기후변화 대책의 하나로 탄소상쇄(carbon offset)가 이루어지고 있다. 온실가스를 흡수하는 나무를 심거나 태양열 등 신재생에너지를 발전하여 온실가스 배출량을 상쇄하는 것이다. 이와 유사하게 개발사업 등으로 손실된 생물다양성을 대체하기 위해 동일한 생태적 질을 지니는 자연환경을 조성하는 것을 생물다양성 옵셋(biodiversity offset)이라 한다.

생물다양성 옵셋의 목적은 개발사업으로 인한 생물다양성의 순손실을 제로로 만드는 것, 즉 '순손실제로(no net loss)'를 달성하는 것이다. 순손실제로는 생물다양성의 손실이 전혀 없는 '손실제로(no loss)'가 아니다. '순손실제로(no net loss)'는 개발사업의 영향을 최소한으로 줄이고 서식지를 복원함으로써 마이너스 영향과 플러스 영향을 동일하게 하는 것을 의미한다. '순손실제로(no net loss)'는 미국이나 호주 등지에서 토지 개발에 의한 생물다양성 감소를 방지하기 위한 정책으로 도입되었다.

최근에는 개발사업으로 손실된 생물다양성보다 더 많은 서식지를 복원하기도 한다. 이 경우 개발 이후 오히려 생물다양성 지표가 증가하는데, 이를 '순이익(net gain)' 또는 '순긍정영향(net positive impact)'이라고 한다. 대형 광산회사인 리오틴토를 비롯한 몇몇 선진 기업들이 생물다양성 경영전략의 하나로 순긍정영향을 내세우고 있다.

하지만 실제적으로 개발사업으로 잃어버린 생태계를 완전히 대체하거나 보상하는 것은 불가능하다. 다만 잃어버린 서식지와 동일한 수준의 생태적 질을 지닌 서식지를 조성함으로써 상쇄하는 것으로 간주한다. 생물다양성 옵셋을 할 때에는 중요한 전제 조건이 있다. 바로 옵셋을 실시하기 이전에 생태계 악영향을 줄이기 위한 예방 및 완화 조치가 충분히 이루어져야 한다는 것이다. 옵셋은 마지막 단계로 이루어져야 한다. 이러한 단계적인 접근 절차를 '생물다양성 옵셋의 계층구조'라고 한다. 즉, 생태적 악영향의 회피(avoidance), 최소화(minimization), 복원(rehabilitation), 옵셋(offset)이 단계적으로 실행되어야 한다. 이러한 우선순위를 지키는 일은 매우 중요시되는데, 왜냐하면 옵셋을 개발사업의 면죄부로 무분별하게 남발하는 것을 막을 수 있기 때문이다.

순긍정영향(net positive impact)의 실행 절차

(1) 영향의 회피: 사업의 영향을 예측하고 계획을 조정하여 가능한 한 생태적 악영향을 회피한다.
(2) 영향의 최소화: 회피할 수 없는 영향에 대하여 완충지역을 두는 등 대책을 도입하여 악영향을 최소화한다.
(3) 생태계 복원: 자생종을 회복하는 등 생태계를 복원한다.
(4) 불가피한 영향의 상쇄(offset): 위의 세 단계 조치에도 남는 불가피한 악영향에 대하여 생물다양성 옵셋 사업을 실시하여 보상한다.
(5) 추가적 보전 대책: 환경교육이나 능력 개발 등 추가적인 생물다양성 보전 정책을 실시하여 순긍정영향을 달성한다.

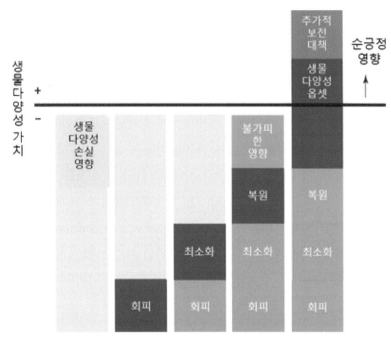

<생물다양성 옵셋의 계층구조>

　생물다양성 옵셋의 계층구조를 통하여 개발 사업자는 생물다양성 보전 대책에 보다 체계적으로 접근할 수 있다. 예를 들어, 대규모 생태계 파괴를 초래하기 쉬운 광산 개발업체는 일차적으로 서식지를 훼손하지 않는 장소를 물색하여 가능한 한 생태계 영향을 회피해야 한다. 하지만 생물다양성이 풍부한 지역에 광맥이 있는 경우가 많으므로 대부분 개발 장소를 바꾸기 어려울 것이다. 그러면 광산을 개발할 때에 채굴 면적을 최소화하거나 생태계를 고려하는 채굴 방법을 사용하여 영향을 완화하도록 해야 한다. 그럼에도 불구하고 파괴되는 생태계 영향에 대해서는 근처에 동일한 서식지를 조성하여 생

물다양성 옵셋을 해야 한다.

하지만 모든 경우에 생물다양성 옵셋이 가능한 것은 아니다. 세계적으로 중요한 생태계로서 대체할 방법이 달리 없는 경우에는 일절 개발하지 않는 것이 우선시되어야 한다. 또, 옵셋을 한다고 모든 개발이 허가되는 것은 아니다. 오히려 옵셋을 해야 하기 때문에 불필요한 개발을 하지 않는 억제 효과도 있다.[1] 옵셋은 개발지역과 가까운 곳에 새로운 서식지를 조성할 수 있는 경우에만 사용할 수 있다. 이 점은 기후변화를 막기 위한 온실가스 옵셋(carbon offset)과 다르다. 이산화탄소와 달리 생물다양성은 어느 곳에서나 대체 가능하지 않기 때문에 일정 지역 내에서만 적용할 수 있다.[2]

한 지역에서 두 개 이상의 개발사업이 동시에 이루어지기도 한다. 이 경우에는 대부분 옵셋 사업도 동시에 하는데, 이를 집합형 생물다양성 옵셋(aggregated biodiversity offsets)이라고 한다. 이 경우 여러 개발 사업자가 협조하여 서식지가 분단되지 않고 서로 좋은 영향을 미치도록 옵셋 장소를 정해야 한다. 개별적으로 옵셋을 하게 되면 서식지가 모자이크상으로 분단되어 생태계에 예상치 못한 영향을 미칠 수도 있기 때문이다. 때로는 옵셋에 의한 순손실제로(no net loss) 효과를 확실히 달성하기 위해 개발로 훼손되는 면적보다 수 배나 큰 면적의 서식지를 조성하기도 한다.

생물다양성 옵셋을 계획할 때에 가장 중요한 것은 손실되는 서식지와 창출되는 서식지의 생태적 가치가 동일해야 한다는 점이다. 즉, 개발 전후 서식지의 잠재적인 생물다양성 가치가 동일하거나 그 이

---

1) 足立直樹(2010), 生物多樣性経営－持続可能な資源戦略－, 日本経済新聞出版社.
2) IUCN(2009), The Time for Biodiversity Business. Gland, Switzerland: IUCN.

상이어야 옵셋을 하는 의미가 있다. 그렇다면 개발 전후 서식지의 생태적 가치는 어떻게 비교할 수 있을까? 아직 과학적으로 입증되거나 국제적으로 표준화된 방법은 없다. 현재 생물다양성 옵셋을 평가하고, 합의 형성을 위해 널리 사용되는 방법이 서식지평가법(Habitat Evaluation Procedures, HEP)이다.

서식지평가법(HEP)은 미국의 국가환경정책법에 기초하여 개발사업이 생태계에 미치는 영향을 평가하기 위해 개발되었다. 서식지평가법(HEP)은 서식지를 생태적 질과 면적의 측면에서 정량적으로 평가하는 방법이다. 여기서 중요한 것은 어떠한 생물종을 기준으로 서식지를 평가할 것인가이다. 기준이 되는 생물을 지표생물이라고 한다. 지표생물은 해당 생태계에서 개체군이 가장 많거나 특정한 서식지 조건을 상징하는 종 또는 생태계의 최상위를 차지하는 종 등 대상 생태계의 특성과 평가 목적을 고려하여 선정된다. 지표생물종은 생태친화적인 공간 계획을 위한 목표 설정과 모니터링의 기본 잣대가 되므로 신중하게 선정되어야 한다.

<일반적인 지표생물종의 유형>

유형	개념 및 특징
생태적 지표종	서식지 및 환경조건에 대한 특정 요구사항을 갖는 종
키스톤 (keystone)종	군집에서 생물 간 상호작용과 다양성의 핵심이 되는 종으로 군집 및 생태계에 대한 영향이 매우 커서 멸종되면 생태계의 특징이 변하는 종
우산종	서식지 면적 요구성이 큰 종으로 이 종이 서식하면 많은 종이 서식할 수 있음. 생태계 피라미드의 최상위에 위치하는 소비자로 대형 육식 포유류와 맹금류 등이 해당됨.
깃대종	특정 서식장소의 보호를 대표하거나 상징하는 종
취약종	가장 양호한 환경조건을 요구하는 희귀종이나 멸종위기종임. 이들의 서식을 보장함으로써 일반종의 서식조건도 충족할 수 있음.

서식지평가법(HEP)의 첫 단계로 대상지에 적합한 지표생물종을 선정한 다음에는 지표종의 서식에 필요한 최적 환경조건을 조사해야 한다. 문헌이나 데이터 조사를 기본으로 한다. 서식지 최소면적, 환경조건, 먹이, 둥지, 행동 특성 등을 조사하여 개발 대상지의 서식지 적합성 지수(Habitat Suitability Index, HSI)를 산출한다. 서식지 적합성 지수란 환경변수별 최적 조건을 1로 하였을 때 실제 환경조건을 0에서 1의 수치로 상대화하여 합한 값이다. 여기에 서식지의 면적을 곱한 값이 서식지 단위 HU(Habitat Unit)이다.

예를 들어, 연못에서 서식하는 노란실잠자리의 중요한 서식지 조건은 연못의 개방 면적, 부엽식물의 피복률, 주변 1km 이내의 연못 면적, 수질이다. 변수별로 이상적인 서식조건과 실제 환경조건을 비교하여 서식지 적합성지수(HSI)를 구한다. 이 값에 조성되는 서식지 면적과 사업 기간을 반영하여 서식지 단위(HU)를 구한다.

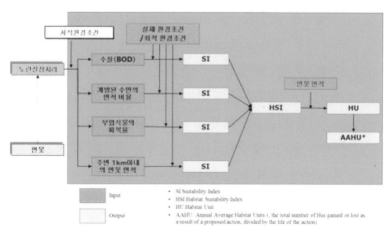

<노란실잠자리의 서식지평가법(HEP) 개요>

서식지평가법(HEP)을 적용하기 위해서는 지표생물종의 서식조건에 대한 데이터 축적과 모델 개발이 필요하다. 미국에서는 일찍부터 다수의 지표종에 대한 서식지 조건과 서식지 적합성 모델이 개발되어 환경 영향평가와 생물다양성 옵셋 사업에 사용되었다. 일본에서도 최근 일본생태계협회의 주도로 일본판 서식지평가법(JHEP)이 개발되어 사용되고 있다.

2. 확대되는 생물다양성 옵셋과 뱅킹

미국과 유럽, 캐나다, 호주, 뉴질랜드, 브라질 등 세계 약 50여 개 국가에서 개발사업에 의한 '생태계 순손실제로(no net loss)' 정책이 도입됨에 따라 생물다양성 옵셋도 확대되었다. 이와 함께 생물다양성 옵셋을 중개하는 뱅킹(banking)과 브로커(broker) 비즈니스도 성장하였다. 뱅킹(banking)이란 전문기관을 통해 생물다양성 옵셋을 중개하는 제도를 말한다. 전문기관은 은행과 같은 역할을 한다. 즉, 조성된 서식지의 가치를 일종의 증서(credit) 형태로 예탁해두었다가 생물다양성 옵셋을 해야 하는 개발 사업자에게 판매한다.

생물다양성 뱅킹(banking)은 옵셋에 필요한 기간이나 비용, 전문성, 리스크 관리 등의 측면에서 보다 효율적인 것으로 알려져 있다. 옵셋에 대한 전문적 지식과 인재가 부족한 개발 사업자의 입장에서는 비용을 절약하면서 질적인 측면도 담보할 수 있으므로 편리하다. 특히 인접 지역에 여러 개발사업이 동시에 실행되는 경우 전문기관에 옵셋을 맡기거나 증서를 구입함으로써 보다 계획적으로 옵셋을 실행할 수 있다.

생물다양성 뱅킹은 미국과 호주를 중심으로 새로운 비즈니스의 하나로 성장하고 있다. Ecosystem Marketplace의 2011년 조사에 따르면 전 세계적으로 45개의 생물다양성 옵셋 프로그램이 운영되고 있고 27개가 개발 중에 있다. 생물다양성 옵셋의 전 세계 시장 규모는 연간 40억 달러 이상이다. 옵셋을 통한 생태계 보전 효과는 연간 187,000헥타르(ha)의 토지를 보전하는 것과 맞먹는다.[3]

생물다양성 옵셋은 지역마다 명칭이 조금씩 다르다. 세계 최초로 생물다양성 옵셋을 도입한 미국에서는 주로 '미티게이션(mitigation)'이라고 한다. 미국에서는 1950년대에 습지를 보전하기 위해 미티게이션 제도를 도입하였다. 제도 도입 초기에는 토지 소유자와 개발 사업자가 직접 거래하였으나 이를 보다 원활하게 하기 위해 습지은행이 만들어졌다. 습지은행은 새로 만든 습지의 가치를 증서형태로 예탁해두었다가 보상이 필요한 곳에 판매한다.

미국에는 생물종 보전은행(conservation bank)도 있다. 보전 가치가 높은 생물종의 서식지를 개발할 때 보상하기 위한 것이다. 미 내무성의 어류야생생물국(Us Fish&Wildlife service)에서 관리한다. 현재 미국에는 약 천여 개의 습지은행과 생물종은행이 인증을 받아 운영되고 있다. 이를 통해 보전된 토지면적은 약 3만 2천 헥타르(ha)이고, 시장 규모는 2007년 33억 달러에 이른다.[4]

3) Madsen, Becca, Nathaniel Carroll, Daniel Kandy, and Genevieve Bennett(2011), Update: State of Biodiversity Markets. Washington, DC: Forest Trends. Available at: http://www.ecosystemmarketplace.com/reports/2011_update_sbdm

4) 林希一郎(2010), 生物多様性と暮らし・経済, 中央法規.

미국의 미네소타 주에는 호수와 하천, 습지가 많이 분포한 탓에 일찌감치 습지은행이 발달했다. 1991년 습지보전법을 기초로 1994년 부터 미네소타 습지뱅킹 프로그램(Minnesota Wetland Banking Program) 이 시작되었다. 미네소타 주에서 습지는 여덟 가지 유형으로 분류된다. 습지 소유자는 개발 사업자에게 습지를 증서형태로 매각할 수 있다. 일반적으로 습지 1에이커(acre)는 1크레딧(credit)이다. 개발 사업자가 조성해야 할 습지면적은 개발조건 및 손실면적에 따라 다르다. 일반적으로 손실된 습지와 인접하여 습지를 복원하는지, 손실되는 생물종과 복원하는 종이 동일한지에 따라 조성면적이 달라진다. 지역별로도 차이를 두어 습지 잔존율이 50% 이하인 지역에서는 옵셋 면적을 더 넓게 해야 한다.

습지 크레딧의 가격은 일반적으로 지역이나 토지가격, 규모, 종류, 환경 복원 비용 등에 따라 다르다. 크레딧 가격은 주 정부의 간섭 없이 시장에서 결정된다.[5] 습지은행은 주 정부의 허가를 받으면 기본적으로 누구든지 설립할 수 있다. 일반적으로 공공기관이 경영하는 은행이 많지만, 1990년대 이후부터 대규모 토지를 소유한 개인이나 기업 등 민간이 경영하는 사례도 증가하였다.

호주에서는 빅토리아 주(Victoria)와 뉴사우스웨일스 주(New South Wales)에서 생물다양성 옵셋이 실행되고 있다. 빅토리아 주는 호주 최초로 생물다양성 옵셋이 도입된 곳이다. 빅토리아 주는 멜버른이 자리한 호주의 남동부 지역으로 식생이 풍부한 곳이었다. 하지만 지난 200여 년 동안 자연림이 많이 소실되자 주정부는 2002년부터 개

---

5) 대부분의 습지은행은 홈페이지에 가격 정보를 공표하지 않기 때문에, 구매자가 개별적으로 가격 정보를 얻어야 한다.

발로 손실되는 자연식생을 보상하는 제도를 시작하였다. 생물다양성 옵셋이 이루어질 때에만 천연 식생의 벌채가 허가된다. 2006년부터는 토지 소유자와 개발 사업자를 중개하는 부시 브로커(Bush broker) 제도를 도입하였다. 개발 사업자는 부시 브로커 등록소에서 옵셋에 필요한 증서를 구하거나 직접 자연식생을 복원하여 예탁할 수 있다. 빅토리아 주에서 옵셋 증서의 평균 가격은 헥타르(ha)당 4만 2천에서 15만 7천 호주 달러 정도이다.[6]

뉴사우스웨일스 주에서는 멸종위기종 보전법(1995년)에 기초하여 2008년부터 '바이오뱅킹(biobanking)'이라는 생물다양성 옵셋제도를 시작하였다. 토지 소유자는 누구든지 바이오 뱅킹에 생태계나 생물종 증서를 등록할 수 있다. 바이오뱅킹 등록부는 인터넷에 공개된다. 개발사업을 하려는 자는 등록부를 검색하여 지역의 토지 소유자와 옵셋 계약을 체결하고 증서를 구입해야 한다. 이때 개발 사업자가 지불한 증서 판매 기금의 일부가 바이오뱅킹 신탁기금을 통해 토지 소유자에게 정기적으로 제공된다. 토지 소유자는 이 기금을 사용하여 자연을 보전하고 관리해야 한다. 사업 도중에 토지 소유자가 바뀌어도 자연보전 관리기금은 정기적으로 제공되기 때문에 지속적으로 생태계를 관리할 수 있다.

유럽에서도 생물다양성 옵셋과 은행이 증가하고 있다. 유럽연합에서는 1992년 서식지 지령(Habitat Directive)과 환경책임법(Environmental Liability Directive)의 오염자부담원칙에 따라 개발 사업자가 생물종에 미치는 영향을 줄여야 한다. 독일의 연방자연보전법은 순

---

6) Joshua Bishop(2012), The Economics of Ecosystems and Biodiversity in Business and Enterprise, Routledge.

손실제로(no net loss) 개념에 기초하여 서식지에 대한 영향 완화를 의무화하였다. 1998년에 개정된 연방건설법전은 순손실제로 정책을 구체적으로 실행하는 법적 근거가 되었다.

독일 최대의 자동차 회사인 폭스바겐은 일찍부터 생물다양성의 보전을 중요한 경영 과제의 하나로 여겼다. 폭스바겐은 독일에서 이루어진 '비즈니스와 생물다양성 이니셔티브'의 리더십 선언에 참가하고 목표 달성을 위한 일곱 가지 기준을 만들었다. 그리고 전 세계 19개국 45개의 폭스바겐 공장에서 멸종위기종을 보전하고 생물다양성 옵셋을 위한 생태계 조사를 실시하였다. 독일 폭스바겐에서는 공장 건설로 파괴된 생태계를 대체하기 위해 근처의 자연보호지구 두 곳을 서로 연결하도록 토지를 복원하였다. 독일에서 생물다양성 옵셋을 실행한 사업자는 법규에 따라 30년 동안 유지 관리해야 한다.

일본에서는 아직 본격적인 생물다양성 옵셋이 실행되고 있지 않지만, 일본 기업에 의한 해외 사례는 증가하고 있다. 수미토모(住友)상사는 2010년 캐나다 기업과 함께 마다가스타르의 니켈 광산 개발지에서 1,400헥타르(ha)의 식물 생태계 손실을 막기 위해 인근 국유지에서 옵셋을 실행하였다. 한편, 일본에서는 전통 경관인 사토야마(里山)[7] 보전을 위한 사토야마 뱅킹(banking)도 제안되었다. 사토야마(里山) 뱅킹(banking)은 인간 생활과 밀접한 이차적 생태계와 문화적 자산의 보전을 위해 생물다양성 뱅킹(banking) 시스템을 활용한다는 점에서 주목받고 있다.[8]

---

7) 자연과 인간이 어울려 살던 전통적인 농촌 경관을 구성하는 마을림이다. 주로 이차림으로 구성되어 목재와 땔감 등 인간 생활과 밀접한 관련을 맺고 있다.

8) Madsen, Becca, Nathaniel Carroll, Daniel Kandy, and Genevieve Bennett(2011), Update: State of Biodiversity Markets. Washington, DC: Forest Trends. Available at:

생물다양성 옵셋은 혁신적 자금 메커니즘의 하나로 주목받아 국제적으로 확대될 가능성이 높다. 그 중심적 역할을 하는 것이 '비즈니스와 생물다양성 옵셋 프로그램(Business and Biodiversity Offsets Program, BBOP)'이다. 2004년부터 국제 수준의 생물다양성 옵셋을 만들기 위해 다국적 기업, 금융기관, 자연보호 NGO, 국제기관 등이 참여하였다. 그동안 국가별·지역별로 실행되어 오던 생물다양성 옵셋의 장단점을 모아 국제 공통의 기준과 제도를 만들기 위한 것이다. 자원개발회사, 국제기관, 각국 정부가 자금을 지원하고 NGO가 사무국을 맡고 있다. 국제금융공사(IFC), 지구환경기구(GEF), 독일 부흥금융공사(KFW) 등의 금융기관이 자발적으로 '비즈니스와 생물다양성 옵셋 프로그램(BBOP)'에 참여하고 있다. 대규모 자원개발회사들도 적극 참여하고 있는데, 이는 생물다양성에 대한 배려 없이는 대규모 개발사업을 하기가 점점 어렵기 때문이다. 국제금융공사(IFC)는 이미 투자 가이드라인에 생물다양성 옵셋 규정을 구체화하고 있다.

'비즈니스와 생물다양성 옵셋 프로그램(BBOP)'은 대형 개발사업에서 생물다양성 옵셋을 실행하는 경험을 공유하고, 가이던스와 핸드북을 작성하였다. 또한, 선구적인 생물다양성 옵셋 사례를 발굴하여 바람직한 옵셋에 관한 판단기준과 지표를 작성하고, 생물다양성을 정량 평가하는 방법도 개발하고 있다. 최근 '비즈니스와 생물다양성 옵셋 프로그램(BBOP)'은 각 국가의 사례 조사를 바탕으로 생물다양성 옵셋에 관한 10가지 기본 원칙을 정리하였다.

---

http://www.ecosystemmarketplace.com/reports/2011_update_sbdm

BBOP의 생물다양성 옵셋 원칙

원칙 1. 순손실제로(no net loss)
원칙 2. 옵셋 이전과 비교하여 추가적인 생물다양성 보전이 이루어질 것
원칙 3. 생물다양성 옵셋의 계층구조를 충실히 지킬 것
원칙 4. 생물다양성 옵셋으로도 완전히 대체할 수 없는 경우를 인식할 것
원칙 5. 경관 수준의 관점에서 생물다양성 옵셋을 설계할 것. 즉, 대상지
　　　　주변을 포함한 넓은 공간 차원에서 생물다양성 옵셋을 계획할 것
원칙 6. 개발사업과 생물다양성 옵셋의 영향을 받는 이해관계자의 참여를
　　　　유도할 것
원칙 7. 이해관계자 간의 권리, 책임, 리스크, 보수가 공정하도록 설계 및
　　　　실시할 것
원칙 8. 장기적 성과를 얻을 수 있도록 할 것
원칙 9. 투명성을 확보할 것
원칙 10. 과학적 지식에 기초한 문서화와 전통적 지식을 적절히 배려할 것

생물다양성 옵셋은 생태계 서비스 가치를 시장경제 속에 반영하기 위한 새로운 메커니즘 중의 하나이다. 여기에는 자연자원은 공짜로 무한정 사용할 수 있는 대상이 아니라 경제적 가치를 지불해야 하는 것이라는 인식이 전제되어 있다. 이미 미국, 호주, 유럽 등에서 실시되고 있는 생물다양성 옵셋은 정량화 방법 등에서 한계가 있음에도 불구하고 자연자원의 보전에 효과가 있는 것으로 평가되고 있다. 현재 생물다양성 옵셋과 뱅킹은 시행착오를 거치면서 더 나은 방향으로 개선되고 있다. 또, 머지않아 국제 공동의 프로그램으로 발전하게 될 가능성도 높아 주목되고 있다.

3. 생태계 서비스에 지불하는 PES

일반적으로 생태계 서비스는 공공재적 성격을 지니기 때문에 돈을 지불하지 않고도 누구든지 이용할 수 있다. 예를 들어, 자동차를 탄다고 대기의 공기질 정화나 이산화탄소 흡수 서비스에 대해 돈을 지불하지 않는다. 하지만 일부 지역에서는 생태계 서비스를 이용하는 자가 보전 비용을 지불하는 제도를 도입하고 있는데, 이를 '생태계 서비스 지불(Payment for Ecosystem Service, PES)'이라고 한다. 예를 들어, 하천 하류에 사는 도시 주민들은 상류 지역의 산림이 제공하는 수질 정화와 홍수 제어와 같은 다양한 생태계 서비스를 받는다. 이때 생태계 서비스의 혜택을 받는 도시 주민이 생태계 서비스를 제공하는 산림 소유자에게 산림 관리 비용을 지불하는 것이 '생태계 서비스 지불(PES)'이다.

다시 말해, '생태계 서비스 지불(PES)'이란 수익자 부담원칙에 따라 생태계 서비스의 혜택을 받는 자가 공급자에게 적정한 대가를 지불하는 것이다. 지불액의 규모나 방법은 생태계 서비스의 이용 내용과 수준, 국가 및 지역에 따라 천차만별이다. 지불 대상 생태계 서비스도 수질 보전, 생물다양성 보전, 이산화탄소 흡수, 경관미 등 다양하다. 또한, 생태계 서비스 공급자가 규정을 위반하고 생태계 서비스를 제대로 보전하지 않는 경우에는 자금을 반환하는 등 벌칙을 받는다.

'생태계 서비스 지불(PES)'은 1990년대 후반부터 다양한 형태로 도입되어 현재 전 세계적으로 수백여 사례가 있다. 국가나 지자체

단위뿐 아니라, 기업이 생태계 서비스를 이용하는 사업을 지속하기 위해 독자적으로 진행하는 경우도 있다. 하지만 '생태계 서비스 지불(PES)'에 관한 국제적으로 정의되거나 합의된 내용은 아직 없는 상황이다. 널리 인용되는 것이 Wunder의 다섯 가지 기준이다.[9] 하지만 현재 운용되는 '생태계 서비스 지불(PES)' 중에는 다섯 가지를 모두 만족하지 않은 경우도 많으므로 절대적인 기준이라고 하기는 어렵다.

'생태계 서비스 지불(PES)'의 다섯 가지 기준
1. 생태계 서비스의 수익자와 공급자 간의 자발적 거래이다.
2. 생태계 서비스에 관한 명확한 정의가 존재한다.
3. 생태계 서비스의 구매자가 존재한다.
4. 생태계 서비스의 공급자가 존재한다.
5. 생태계 서비스의 공급자가 지속적으로 생태계 서비스를 공급한다.

'생태계 서비스 지불(PES)'의 기본 취지는 서비스의 수익자와 공급자가 자발적으로 거래하는 것이지만 최근에는 정부가 주도하여 세금 형태로 지불하는 경우도 많아졌다. 지구환경기구(GEF) 등 외부 자금의 지원을 받는 경우도 있다. 생태계 서비스 지불 제도의 주요 사례는 자연환경이 풍부한 코스타리카와 멕시코와 같은 중남미 국가에서 찾아볼 수 있다. 이러한 국가에서 생태계 서비스 지불 제도가 발달한 이유는 산림 관리를 위한 자금이 부족하였기 때문이다.

---

9) S. Wunder(2007), The efficiency of payments for environmental services in tropical conservation, Conservation Biology 21(1), pp.48~58.

그중 코스타리카 사례가 잘 알려져 있다.

코스타리카는 1990년대 후반 산림 재생과 목재 생산을 위하여 생태계 서비스 지불 제도를 도입하였다. 산림의 이산화탄소 흡수, 경관,[10] 수원 함양, 생물다양성 보전이라는 네 가지 생태계 서비스를 대상으로 하였다. 이를 위해 PFONAFIFO라는 국가산림재정기금을 설립하여 코스타리카 전역에 사무국을 두었다. '생태계 서비스 지불(PES)'에 참여하는 토지 소유자는 계약 기간 동안 생태계 서비스의 권리를 국가산림재정기금에 양도하고, 지속가능한 산림 관리 계획을 실행해야 한다. 그리고 산림 전문가로 등록된 산림 관리자(forest manager)로부터 공식적인 인정을 받으면 정부의 산림 관리 비용을 매년 받을 수 있다. 토지 소유자가 계획대로 산림 관리를 하지 않는 경우 벌칙을 받아야 한다. 산림 관리자는 모니터링 비용으로 지불된 금액의 일부를 받는데, 이때 허위 보고를 하거나 하면 자격이 박탈된다.

코스타리카에서 '생태계 서비스 지불(PES)' 계약은 산림 보호, 지속가능한 산림 관리, 재조림의 세 가지 유형으로 구분된다. 각기 계약 기간과 지불조건 및 형태가 다르다. 기본적으로 토지 소유자는 산림을 다른 토지 이용으로 전환하지 않는 기회비용과 추가적인 산림 관리비용을 받는다. 산림 보호 계약의 경우, 토지 소유자가 5년 동안 원생림이나 이차림을 보호하고 토지 전용을 하지 않아야 한다. 이 조건을 준수하는 경우 5년 이상 균등 분할의 형태로 헥타르(ha) 당 210달러 정도의 자금을 받는다. 지속가능한 산림 관리와 재조림

---

10) 레크리에이션과 생태관광을 위한 경관 제공 기능.

계약의 경우에는 15년 동안 관리하는 조건으로 각각 헥타르당 327 달러와 537달러를 받는다.[11] 지불액의 절반은 첫해에, 나머지는 매년 조금씩 분할 지불된다.

코스타리카에서 생태계 서비스 지불 제도를 도입한 당시에는 정부 예산으로 필요한 자금을 충당하였다. 하지만 1997년부터는 산림 생태계 서비스의 수익자가 지불하는 연료세와 기업의 탄소상쇄(carbon offset) 기금, 지구환경기구(GEF) 등으로부터 재원을 마련하였다. 연료세나 탄소상쇄 비용은 이산화탄소를 배출하는 자가 이산화탄소를 흡수하는 산림 서비스에 대하여 지불하는 것이라고 할 수 있다. 또, 지구환경기금은 생태계 서비스의 수혜를 받는 선진국이 열대림을 보전하는 개발도상국에 비용을 지불하는 것이다. 2002년부터는 재원 충당을 위하여 국가산림재정기금이 환경서비스 증서(Environmental Services Certificate)를 발행하기 시작하였다. 주로 산림을 보전하려는 음료 회사나 관개용수 이용자, 호텔, 지자체의 물공급 기관 등이 인증서를 구입한다.

코스타리카에서 '생태계 서비스 지불(PES)'은 지속가능한 산림 관리와 재조림을 촉진하고 자연림을 보호하는 등 많은 긍정적인 효과가 있는 것으로 평가되었다. 산림 관리를 감시하거나 중개하는 새로운 일자리가 생기고, 중소 규모의 산림 소유자도 자금을 받을 수 있어 빈곤 감소에 도움이 되었다. 이 제도로 약 15%의 가정에서 가처분 소득이 연평균 4,200달러 증가하였다는 보고도 있다.[12] 또한,

---

11) R. Sierra and E. Russman(2006), On the efficiency of environmental service payments, A forest conservation assessment in the Osa Peninsula, Costa Rica, Ecological Economics, Vol.59, pp.131~141.

12) M. Miranda, I. T. Porras, and M. L. Moreno(2003), The social impacts of payments for

장기적으로 지속가능한 산림 관리에 관한 기술과 지식의 축적과 능력 개발이 이루어졌다.

'생태계 서비스 지불(PES)'은 생태계 서비스의 수익자와 공급자 간의 자발적 계약을 통해 이루어지는 이외에 정부가 세금 형태로 징수하는 경우도 있다. 일본에서는 그와 유사한 형태의 생태계 서비스 지불 제도가 발달하였다. 2002년 고치현(高知県)을 시작으로 전국 30여 개 지방자치단체가 수원지를 보전하기 위한 산림환경세를 도입하였다. 산림환경세는 수원지 주변의 산림 보전을 위해 수자원 이용자가 비용을 부담하는 것이다. 1인당 연간 5,000원에서 10,000원 정도를 부담한다. 세수입은 산림 간벌, 목재 이용과 같은 산림 보전 및 관리에 사용된다.

기업이 비즈니스를 위해 생태계 서비스의 이용 대가를 지불하는 경우도 있다. 네슬레워터(Nestlé Waters)가 천연 미네랄워터 브랜드인 비텔을 지키기 위해 많은 비용을 들여 수원지 생태계를 보전한 사례는 유명하다. 일본 기업 소니(Sony)의 지하수 함양 사업도 그 한 예이다. 반도체 부품을 생산하는 소니에게 풍부한 수자원 확보는 필수적이다. 소니는 예로부터 지하수가 풍부한 큐슈(九州)의 쿠마모토(熊本) 지역에 반도체 공장을 세웠다. 그런데 이 지역에서 농사를 짓지 않고 방치하거나 전용하는 논이 늘어나자 지하수 공급량이 점차 줄어들었다. 그러자 소니는 지역 환경단체와 함께 2003년부터 지하수 함양사업을 시작했다. 소니는 반도체 생산에 사용한 만큼의 물을 자연에 환원하기 위하여 농사를 짓지 않는 휴경전에 물을 채워 지하수를

---

environmental services in Costa Rica, A quantitative field survey and analysis of the Virilla watershed, International Institute for Environement and Development, p.63.

함양하였다. 수위를 감시하거나 협력하는 농가에는 사례금을 지불하였다. 2003년부터 2009년까지 소니의 지하수 함양량은 약 1,158톤(ton)으로 소니 반도체 공장의 물 사용량을 초과한 것으로 보고되었다.

최근에는 지역이나 국가 수준에서 다양한 형태로 전개되어 온 '생태계 서비스 지불(PES)'을 국제적 수준으로 확대하려는 움직임이 있다. 생물다양성 협약 당사국 총회에서는 개발도상국의 생물다양성을 보전하기 위한 혁신적 자금 메커니즘의 하나로 국제적인 '생태계 서비스 지불(PES)' 프로그램이 논의되고 있다. '생태계 서비스 지불(PES)'은 생태계 서비스 이용자의 책임을 강화함으로써 자원을 고갈시키는 현 경제체제를 보다 지속가능한 방향으로 전환하는 하나의 촉매제 역할을 할 것으로 보인다.

4. ABS와 나고야 의정서

'유전자원의 접근 및 이익 공유(Access to genetic resources and Benefit-Sharing, ABS)'에 관한 협상은 배분되는 이익의 범위를 가능한 한 넓게 하려는 개발도상국과 유전자원을 보다 자유롭게 이용하려는 선진국 사이의 오랜 논쟁과 대립 속에서 이루어져 왔다. 의견 대립이 가장 첨예한 사항은 이익 배분의 대상과 범위이다. 개발도상국은 생물과 유전자를 해석하거나 화학적으로 합성하여 만든 파생물(derivative)도 포함시킬 것을 주장하지만, 선진국은 그에 반대한다. 예를 들어, 인플루엔자 치료약인 타미플루의 원료인 팔각, 즉 스타아니스(star anise)는 유전자원이지만 이를 화학적으로 합성한 타미플루는 파생물이다. 또, 이익 배분의 기간도 쟁점 사항이다. 개발도상국은 생물다양성 협약 이전까지 소급 적용할 것을 주장하지만, 선진국은 의정서 발효 이후에 취득한 유전자원만을 대상으로 할 것을 주장한다.

2002년 네덜란드에서 열린 생물다양성 협약 당사국 총회에서는 '유전자원의 접근과 이익 배분에 관한 본 가이드라인(Bonn Guideline)'이 채택되었다. 이 가이드라인은 '유전자원의 접근 및 이익 공유(ABS)'에 관한 기본 틀만 제시한 포괄적 지침이어서 법적 구속력은 없었다. 당연히 실질적인 이익 공유를 바라는 개발도상국들로부터 우려의 목소리가 제기되었다. 이후 지속적인 논의를 거쳐 2010년 제10회 생물다양성 협약 당사국 총회에서 나고야 의정서(Nagoya Protocol)가 채택되었다. 나고야 의정서는 생물 유전자원의 이용과 이익 배분에 관한 최초의 법적 구속력이 있는 국제 체제이다. 생물다양성 협약이 채택된 지 18년 만이었다. 이로써 생물 유전자원에 무단으로 접근하고 이용하던 시대가 드디어 공식적으로 막을 내리게 된 것이다.

나고야 의정서는 기본 취지를 포함한 전문(preamable)과 목적, 적용 범위, 유전자원 및 전통지식의 이용에 관한 규칙과 관련 조문, 그리고 이익의 종류 및 작업 일정을 나타내는 두 개의 부속서로 구성된다. 나고야 의정서의 목적은 생물 유전자원의 이용에서 발생하는 이익을 제공국과 공평하게 공유하는 것이다. 의정서의 적용 범위는 해외의 유전자원과 전통적 지식에 대한 접근과 연구, 상업화 활동이다. 생물 유전자원이나 관련된 전통지식을 이용하려는 주체는 법률, 행정, 정책적 조치 등을 통하여 자원 원산국과 공평하게 이익을 공유해야 한다. 이를 위해 자원 제공국은 사전에 국내법과 행정 조치를 수립해야 한다. 자원을 이용하려는 자는 자원 제공국의 국내법에 따라 사전승인(Prior Informed Consent)을 받고 상호 계약(Mutually Agreed Terms)을 맺어야 한다. 병원체와 같이 인체 및 동식물의 건강에 위해를 미칠 가능성이 있는 긴급 상황 시에는 절차를 간소화하여 신속하게 접근하고 대응할 수 있다. 이 외에 나고야 의정서는 사전승인에 관한 국내 입법, 사전승인 정보를 국제적으로 공유하는 국제인증서의 발급, 상호 합의 조건, 의무사항을 감시하는 감독기관 등의 이행체계에 관한 내용을 포함한다.

나고야 의정서가 극적으로 합의되기는 하였으나 조항이 애매하다는 의견도 있다. 법적 구속력은 있으나 내용적으로는 2002년의 본 가이드라인(Bonn Guideline)과 큰 차이가 없다는 것이다. 이익 배분의 대상인 파생물이 애매하게 정의되고, 의정서의 유효 시점에 대한 구체적 명시가 없는 등 실효성을 담보하기에 의정서 내용이 구체적이지 않다는 지적도 있다. 향후 선진국과 개발도상국 간의 지속적인 협상을 통해 보다 구체적인 내용이 결정될 것으로 보인다.

'유전자원의 접근 및 이익 공유(ABS)'는 개발도상국의 생물다양성 보전을 위한 자금 메커니즘의 하나이다. 나고야 의정서에는 유전자원의 이익 배분을 통하여 생물다양성의 보전과 지속가능한 이용에 기여하도록 명시되어 있다. 개발도상국은 '유전자원의 접근 및 이익 공유(ABS)'를 통해 환원되는 이익의 일부를 사용하여 자국의 풍부한 생물다양성을 보전해야 한다. 예를 들어, 코스타리카의 생물다양성법은 '유전자원의 접근 및 이익 공유(ABS)'에서 발생한 금전적 이익의 일부를 생물다양성 보전에 사용할 것을 규정하고 있다.[13]

나고야 의정서가 발효되면[14] 생물자원 탐사(bioprospecting) 시장을 비롯하여 유전자원의 접근과 이용을 위한 컨설팅과 법률 자문, 중개 등의 전문 서비스 산업이 새로운 기회를 맞이하게 될 것이다. 생물자원을 수익화하려는 움직임이 본격화되면서 관련 산업에 큰 영향을 미칠 것이다. '생태계 및 생물다양성의 경제학(TEEB)'에 의하면, 생물 유전자원을 활용하는 산업의 세계시장 규모는 현재 8천억 달러 이상이다. 향후 인간의 수명 및 웰빙에 대한 요구 증가, 그리고 생물 유전체 지도의 완성 등으로 시장 규모가 더욱 커질 것으로 예상된다.

나고야 의정서가 채택된 이후 생물 해적 행위에 대한 감시와 단속이 더욱 강화되었다. 2012년에 브라질은 생물 해적 행위를 저지른 국내외 기업에 대하여 생물다양성법 위반 혐의로 4,400만 달러의 벌금형을 내렸다. 인도는 2009년부터 '전통지식 전자도서관'을 구축하여 해외 기업의 특허 심사 시 선행 기술로 참고하도록 하였다. 그러자 특허 철회 사례가 속출하였는데, 2012년 한 해 동안만 19건의 특허가 철회되었다.

해외 유전자원을 활용하려는 기업은 '유전자원의 접근 및 이익 공유(ABS)'에 적극 대처해야 한다. 이를 무시하고 유전자원을 이용하는 기업은 생물 해적 행위라는 오명을 받으며 기업 평판에 커다란 리스크를 초래할 수 있다. 또한, 해외의 유전자원에 접근하거나 이용하기도 어려워질 것이다. 나아가 생물다양성 손실로 미래의 유망한 의약품과 식품 원료가 될 잠재적인 유전자원을 영원히 잃게 될 수도 있다.

이러한 리스크에 대비하기 위하여 발 빠른 기업들은 국제적 합의

---

13) 조사연구 예산의 10%까지, 로열티 배분의 50%까지를 국가보전 지역과 원주민 지역, 유전자원의 제공자에게 배분해야 한다.

14) 나고야 의정서는 서명을 거쳐 50번째 국가가 비준한 지 90일째 되는 날 발효된다.

가 이루어지기 이전부터 대응하였다. 올림푸스는 2010년 말레이시아 페라 주에 서식하는 반딧불의 형광물질에 관한 특허를 신청했다. 일본의 유전자원 탐색기업인 니무라지네틱솔루션(Nimura Genetic Solutions)이 페라 주 개발공사와 함께 말레이시아에서 특허를 신청했다. 형광물질은 페라 주 북부의 벨룸(Belum) 열대우림에 서식하는 반딧불에서 발견된 것이었다. 올림푸스는 이 물질을 발광 현미경의 시약으로 사용하여 암세포와 같은 특정 세포와 유전자를 관찰하는 새로운 시장을 개척할 수 있을 것으로 판단했다. 말레이시아의 유전자원을 활용하기 위해 올림푸스는 네 가지 측면에서 '유전자원의 접근 및 이익 공유(ABS)'에 대처하였다. 우선 형광물질에 관한 연구를 말레이시아에서 실시하고 반딧불과 형광물질을 일본으로 가져오지 않았다. 또한, 시약 개발이 성공하기 이전인 공동 연구의 단계에서 말레이시아에 자금을 환원하고, 지역 연구자에게 기술을 이전하였다. 이 외에 말레이시아와 공동으로 특허를 신청하고 지적 재산권도 공유함으로써 유전자원 제공국에 이익을 환원하였다.

나고야 의정서는 그동안 세계 각지에서 비공개적·자발적으로 이루어지던 '유전자원의 접근 및 이익 공유(ABS)'[15]를 국제적으로 통일된 체계로 만드는 시발점이 될 것이다. 나고야 의정서가 발효되면 유전자원 이용자는 자원 제공국의 국내법에 따라 사전 승인을 받고, 발생하는 이익을 상호 합의한 조건에 따라 공유해야 한다. 생물자원을 이용하는 기업은 지금까지의 비공개적인 방식과는 달리 합법적이고 투명한 절차를 통해 해외 유전자원에 접근해야 한다. 한편으로

---

15) 대부분은 당사국 간의 계약 형태로 이루어져 대상 범위나 절차, 방법 등이 각기 다르고 관련 정보도 거의 공개되지 않았다.

는 생물자원을 이용한 특허를 이용할 때에 로열티가 상승하고 특허 출원이 제한되며 자원 제공국과의 이익 공유로 추가적 비용 부담이 증가할 것이다. 특히 생물자원이 부족하거나 외국의 생물자원 의존도가 높은 국가나 기업의 경우 비용 부담이 더욱 커질 것이므로 철저한 사전 대비가 필요하다.

5. 지속가능한 산림 인증

지구의 생물다양성을 보전하기 위한 시장 메커니즘의 하나로 주목되는 것이 그린 인증제도이다. 그린 인증은 제3의 기관을 통하여 제품의 원재료가 생태계를 배려하고 있음을 소비자와 투자가 등 이해관계자에게 투명하게 알리는 방법이다. 전 세계적으로 운영되는 인증제도 중에서 생물다양성 보전과 관련된 것으로는 '지속가능한 산림 관리 인증', '지속가능한 팜유 인증', '열대우림동맹 인증', '지속가능한 수산품 인증' 등이 있다.[16]

생물다양성의 보고인 산림의 상업적 벌채와 인위적 파괴를 막고 지속가능한 관리를 촉진하기 위한 인증 프로그램이 전 세계적으로 60여 개나 존재한다. 그중에서 가장 널리 통용되는 것이 '산림관리협의회(Forest Stewardship Council, FSC)'의 인증이다.[17] 1993년 캐나

---

16) 유기농 인증의 경우 일반적으로 생물다양성의 보전보다는 살충제를 사용하지 않는 등 환경 친화적인 농법을 강조하는 측면이 있다. 그러나 최근에는 세계유기농업운동연맹(International Federation of Organic Agriculture Movements, IFOAM)이 유기농 기준에 경관 및 생물다양성 표준안을 포함시키는 작업을 하고 있다.

다에서 설립된 산림관리협의회(FSC)는 산림 관리(Forest Managemet, FM)와 목제품(Chain of Custody, CoC)의 두 가지 인증을 실시한다. 산림 관리(FM) 인증은 산림이 환경과 지역사회를 배려하면서 지속가능하게 관리되었다는 것을 보증한다. 목제품(CoC) 인증은 지속가능하게 관리된 산림에서 생산된 목재와 종이 등의 목제품이 생산, 가공, 유통과정에서 비인증재와 구분되어 적절히 관리되었음을 나타낸다. 두 인증을 모두 얻어야만 산림관리협의회(FSC)의 인증재로 유통될 수 있다.

산림관리협의회(FSC)의 인증을 얻기 위해서는 제3의 기관으로부터 심사를 받아야 한다. 심사기준은 사회적·환경적 내용을 포함하는 10개 원칙과 56개 기준으로 비교적 까다로운 편이다. 인증을 취득한 후에는 정기적으로 재심사를 받아야 하는 등 유지관리도 어려운 편이다. 그래서 최근에는 국가별 기준과 소규모 산림 경영자를 위한 심사 절차를 별도로 두는 등 인증 절차를 효율화하려는 움직임도 있다.

FSC의 심사 원칙

원칙 1. 모든 법률과 국제 계약, FSC의 원칙을 지킨다.
원칙 2. 산림의 소유권과 이용권이 명확하다.
원칙 3. 원주민의 전통적 권리를 존중한다.
원칙 4. 지역사회 및 노동자의 관계가 양호하다.
원칙 5. 수확이 풍부하고 지역에서 잘 이용되는 산림이다.
원칙 6. 다양한 생물이 사는 산림이다.

---

17) FSC 인증과 함께 PEFC(Programme for the Endorsement of Forest Certification Schemes)도 널리 통용된다. 이는 미국, 캐나다 등 세계 34개국의 산림 인증제도를 상호 인증하는 프로그램이다. FSC와 마찬가지로 지속가능한 산림 관리와 함께 임산물의 유통 과정을 인증한다.

원칙 7. 조사된 기초 데이터에 근거하여 산림 관리가 계획적으로 실행된다.
원칙 8. 산림 관리를 적절히 하는지 정기적으로 체크한다.
원칙 9. 귀중한 자연림을 지킨다.
원칙 10. 인공림 조성이 자연림에 영향을 미치지 않는다.

현재 산림관리협의회(FSC) 인증제도는 전 세계 80여 개 이상의 국가에서 실시되고 있다. 2013년 2월 현재 인증 면적은 80개국의 약 1억 7천만 헥타르(ha)에 이른다.[18] 그런데 인증 면적의 40%가 북미, 43%가 유럽에 위치한다. 생물다양성이 풍부한 열대 및 아열대 지역의 인증 비율은 약 15%에 지나지 않는다. 열대지역에서 인증 비율이 낮은 가장 큰 이유는 인증기준이 까다롭고 비용이 많이 들기 때문이다. 특히 인증 비용은 대규모 산림이나 농장 경영인에게는 큰 문제가 아니지만, 소규모 기업에는 극복하기 어려운 장애물이다. 한 번 받은 인증을 갱신하거나 유지하는 비용도 만만치 않다. 또한, 열대지역에서는 산림의 소유 및 이용권이 불투명하거나 분쟁이 많고, 생태학적으로 복잡하며, 인증혜택도 상대적으로 적다. 게다가 인증에 드는 비용을 제품 가격에 그대로 반영하기 어렵다. 인증 제품이 일반적으로 비싸기는 하지만 그렇다고 가격 프리미엄이 명확한 것은 아니다. 다만 인증 목재는 불법 벌채된 목재와 같이 갑자기 가격이 폭락하는 일 없이 일정 수준의 가격을 유지하고 있는 듯하다.

---

18) FSC(2012), Global Market Survey Report.

PEFC/01-00-01

왼쪽: 산림관리협의회(FSC).
오른쪽: PEFC(Programme for the Endorsement of Forest Certification Schemes).

<지속가능한 산림 관리를 나타내는 인증 마크>

  산림관리협의회(FSC)의 인증재에 대한 수요는 기후변화와 생물 다양성 등 환경문제에 대한 사회적 관심이 높아지면서 점점 증가하고 있다. 인증의 가장 큰 장점은 제품이 지속가능하게 관리된 산림에서 유래했다는 것을 투명하게 제시할 수 있다는 점이다. 가격이 조금 비싸더라도 가치 지향적이고 윤리적인 소비를 하며 생태계 보전에 기여하려는 사람들이 증가하고 있기 때문이다.

  기업의 경우, 타사와의 차별화나 법규 대응, 사회적 책임 등을 위하여 인증 제품의 구매를 늘리고 있다. 이에 따라 환경인증 제품의 시장 규모가 최근 몇 년간 급속히 증가하였다. 산림관리협의회(FSC) 인증 제품의 매출액도 2005년에서 2007년 사이 4배나 증가하였다. 종이제품은 가장 널리 판매되는 산림관리협의회(FSC)의 인증 제품이다. 그린 빌딩 부문에서 인증 목재를 사용하려는 수요도 증가하고 있다.

정부나 공공기관의 정책 영향도 크다. 유럽에서는 일반 종이를 인증지로 대체하는 사례가 증가하고 있다. 인증마크가 없는 제품은 점점 윤리적 소비자에게 받아들여지기 어려워지고 있다. 영국 정부는 2004년에 불법 벌채한 목재 사용을 금지하는 목제품 조달기준을 정하였다. 네덜란드 정부의 조달기준은 기존의 산림 인증만으로도 완전히 대응하기 어려울 정도로 까다롭다. 일본 정부는 2006년에 그린 구입법을 개정하여 합법적이고 지속가능한 목재를 조달하는 방침을 공표했다. 유럽연합은 2013년 3월부터 유럽연합목재규정(EU Timber Regulation)을 시행하여 불법 생산된 목재와 목제품의 유럽 시장 진입을 규제했다. 이러한 정책은 대부분 특정한 인증체계를 염두에 두고 시행되는 것은 아니지만, 산림관리협의회(FSC)와 같은 기존의 산림인증체계가 중요한 역할을 하고 있다.

이러한 정책 동향은 많은 기업에 영향을 미친다. 공공사업에 납품하는 회사들은 기준 달성을 위하여 새로운 조달처를 찾으며 준비해야 한다. 기업 입장에서는 소비자나 납입처가 인증지 사용을 요구할 때에 즉각 대체하기 어려울 수도 있다. 인증지의 규모가 증가하고 있지만 전체적으로는 아직 차지하는 비율이 낮기 때문이다. 일본의 경우에도 전체 종이 생산량인 약 3천만 톤(ton) 중에서 산림관리협의회(FSC)의 인증지는 20만 톤(ton) 정도로 1%도 채 되지 않는다.[19] 따라서 납입처나 투자가의 요구에[20] 따라 기업이 산림관리협의회(FSC)의 인증지를 사용하려 해도 당장 확보하기 어려울 수도 있다.

---

19) 足立直樹(2010), 生物多樣性經營－持續可能な資源戰略－, 日本經濟新聞出版社.
20) 일본 정부뿐 아니라 민간 차원에서도 대규모 건설 회사나 제지업자가 위법 벌채된 목재를 사용하지 않겠다는 선언을 하는 사례가 증가하였다.

민간 차원에서의 자발적인 인증지 사용도 증가하고 있다. 세계적 베스트셀러인『해리포터』시리즈를 가장 많이 출판한 미국의 스콜라스틱사는 2007년 제7권을 발행할 때에 초판 1,200만 부의 인쇄용지 중 65%[21]를 산림관리협의회(FSC) 인증지로 사용하였다. 또, 2008년에는 구입하는 종이의 30%를 인증지로 대체하겠다는 용지 조달 방침을 발표했다. 영국의 HSBC 은행은 자체적으로 산림관리협의회(FSC) 인증지를 사용할 뿐 아니라, 투자처에도 요구하고 있다. 크리넥스 등의 브랜드를 지닌 미국의 킴벌리 크라크(Kimberly-Clark)는 2009년 목재 조달 방침을 엄격히 하고 산림관리협의회(FSC) 인증을 받지 않은 북미 산림으로부터의 조달을 금지했다. 소비자 이미지를 중시하는 고급 패션업체인 구찌, 티파니, 휴고보스, 페라가모, 프라다도 쇼핑백에 산림관리협의회(FSC) 인증지와 재생지를 사용한다. 브라질 상파울로 일간지인 Metro도 2010년부터 산림관리협의회(FSC) 인증지를 사용하기 시작하였다. 독일의 대형 통신 판매회사인 오트(Otto) 그룹도 산림관리협의회(FSC) 인증지를 사용하여 상품 카탈로그를 발행한다. 이 외에도 유사한 사례가 계속 증가하고 있다.

6. 열대우림을 보호하는 인증 팜유

열대우림을 벌채하고 조성되는 대규모 플랜테이션 농장은 생물다

---

21) 약 16,700톤(ton).

양성을 훼손하는 대표적인 행위이다. 비누나 세제, 가공식품 등에 널리 사용되는 팜유를 얻기 위한 기름야자 플랜테이션도 그중 하나이다. 팜유는 기름야자 열매에서 추출되어 마가린, 마요네즈, 초콜릿 등의 식품뿐 아니라, 비누, 세제, 바이오디젤 연료의 원료로도 널리 사용된다. 이는 팜유가 식물성 유지 중 가장 수요가 많고 가격이 싸며 단위 면적당 수확량이 많기 때문이다. 오늘날 팜유 생산량은 전 세계 식물성 기름의 3분의 1을 차지할 정도로 많다.[22] 그 수요도 점점 증가하여 2050년에는 7천7백만 톤(ton)에 달할 것으로 예측된다.[23]

기름야자의 원산지는 원래 서아프리카였다. 하지만 1990년대에 보르네오 섬의 열대우림이 개간되고 농장이 대규모로 조성된 이후부터 말레이시아와 인도네시아가 기름야자의 세계적 산지가 되었다.[24] 지난 10여 년간 말레이시아와 인도네시아에서는 산림의 약 3분의 1이 기름야자 농장 때문에 손실되었다.[25] 대규모 열대우림이 파괴되고 우랑우탄과 보르네오 코끼리와 같은 많은 야생생물이 서식지 손실로 멸종위기에 처하게 되었다. 환경 NGO가 이를 고발하고 기업을 비판하며 지속가능한 팜유를 생산하기 위한 활동을 펼쳤다. 앞에서 언급하였던 네슬레의 초콜릿 키켓도 한 예이다. 네슬레는 우랑우탄의 서식지를 위협하는 팜유를 사용하여 그린피스의 대대적인 항의를 받고 기존 거래처와의 거래를 중단하였다.

---

22) USDA(2011), http://www.fas.usda.gov/oilseeds/Current/

23) FAO(2006), World agriculture: towards 2030/2050. Prospects for food, nutrition, agriculture and major commodity groups. Interim report.

24) 현재 전 세계 팜 오일 생산량의 87%가 말레이시아와 인도네시아에서 이루어진다.

25) WWF(2011), Palm oil buyer's scorecard 2011.

©Irvin calicut.

<팜오일 농장>

　　다국적 소비재 기업 유니레버도 팜유의 대량 사용으로 NGO의 비
판을 받았다. 유니레버는 팜유를 둘러싼 환경문제에 대응하기 위해
2004년 세계자연보호기금(WWF) 등과 함께 '지속가능한 팜유를 위
한 원탁회의(Roundtable for Sustainable Palm Oil, RSPO)'를 설립
하였다. 농장 투자가, 제조회사, 소비재 회사, 유통 기업, NGO 등 팜
유의 생산과 유통, 소비에 이르는 다양한 이해관계자가 참여하였다.
지속가능한 팜유 생산을 위한 8개 원칙과 39개 기준에 따라 인증이
2008년부터 시작되었다. 지속가능한 팜유를 위한 원탁회의(RSPO)의
인증을 받은 농장은 지속적으로 증가하여 2013년 인증 팜 오일의 생산
량은 약 8백만 톤(ton)으로 전체 팜유 생산량의 15%를 차지하였다.26)

인증을 받은 팜유(Certified Sustainable Palm Oil, CSPO)는 유통 방식에 따라 분리(segregated CSPO), 매스밸런스(mass balance), 북앤클레임(book and claim)의 세 가지로 구분된다. 분리 방식(segregated CSPO)은 인증 팜유를 비인증 팜유와 섞이지 않도록 분리하여 유통 시키는 것이다. 매스밸런스(mass balance) 방식은 인증 팜유와 비인 증 팜유를 혼합하여 유통시키고 혼합 비율을 최종 제품에 표시한다. 북앤클레임(book and claim) 방식은 인증 농장이 판매한 환경증서를 구입하여 최종 제품에 인증마크를 붙이는 것이다. 이를 그린팜(green palm) 인증이라고도 한다. 북앤클레임 방식을 제외한 나머지 방식은 실제로 인증 팜유를 사용하므로 설비를 투자해야 한다. 지속 가능한 팜유를 위한 원탁회의(RSPO)에 따르면 최근에는 분리 및 매스밸런스 방식의 인증 팜유가 증가하는 한편, 북앤클레임 방식은 점차 감소하고 있다. 인증 팜유를 사용한다고 광고하는 기업이 실제 어떤 방식을 적용하였는지 눈여겨볼 필요가 있다.

<RSPO 인증 팜유 마크>

---

26) http://www.rspo.org/

지속가능한 팜유를 위한 원탁회의(RSPO)의 인증 팜유에 대한 수요도 지속적으로 증가하고 있다. 특히 그린피스의 네슬레 사건 이후 인증 팜유로 전환하는 기업들이 늘어났다. 지속가능한 팜유를 위한 원탁회의(RSPO)의 설립을 주도했던 유니레버(Unilever)는 2015년까지 인증 팜유로 전량을 대체하겠다고 선언했다.

일본에서 유명한 세제 회사 사라야(Saraya)는 보르네오의 열대우림을 벌채하여 원료를 조달한 것이 알려져 불매운동을 겪은 적이 있다. 사라야가 1971년부터 판매한 대표 브랜드인 야시노미 세제는 처음에는 야자유로 만들어졌다. 하지만 1980년대 중반부터 원료의 안정적 공급을 위해 기름야자 종자에서 추출한 팜핵유27)를 섞어 만들었다. 2005년 사라야는 지속가능한 팜유를 위한 원탁회의(RSPO)에 가입하였다. 그리고 2011년부터 연간 1천만 개의 야시노미 세제에 북앤클레임(book and claim) 방식의 그린팜 인증 팜유를 사용하였다. 인증 농장으로부터 증서를 구매하여 제품에 부착하였다. 2012년 4월부터는 분리 방식의 인증 팜유를 사용하여 재배에서 가공까지 모두 인증 원료만을 사용하는 '행복한 코끼리(Happy elephant)' 세제 시리즈를 판매하였다. 이 세제는 합성계면활성제를 사용하지 않고 천연효모로 발효시킨 천연 세정성분만을 사용한다.

또한, 사라야는 세계자연보호기금(WWF) 등의 환경단체와 함께 보르네오 보전트러스트를 설립하였다. 보르네오 열대우림 네트워크를 복원하고 오랑우탄을 보호하는 활동을 하기 위해서이다. 사라야는 야시노미 세제 매출액의 1%를 보르네오 보전트러스트의 활동을

---

27) 팜핵유는 기름야자의 열매를 압착하여 기름을 짜낸 후 남은 찌꺼기 속의 종자에서 채취한 기름이다.

지원하는 데 사용한다. 이러한 활동 덕분인지 사라야는 2012년 닛케이 에콜로지(Nikkei Ecology)의 소비자 조사에서 세제 브랜드 중 환경 이미지가 가장 높은 것으로 평가되었다.

최근 세계자연보호기금(WWF)은 지속가능한 팜유를 위한 원탁회의(RSPO)가 인증한 팜유의 사용을 촉진하기 위해 기업별 도입 상황과 계획을 웹사이트에 공개하였다. 2011년에는 팜유 사용량 및 지속가능한 팜유 사용 계획, 지속가능한 팜유를 위한 원탁회의(RSPO)의 회원 여부 등을 기준으로 132개의 제조 및 유통업자를 평가하였다. 가장 높은 점수인 9점으로 평가된 기업은 영국 아스다(ASDA)와 스웨덴의 이케아(Ikea), 일본의 사라야 등이었다. 이들 기업은 대부분 팜유 사용량의 75%에서 100%를 2015년까지 인증 팜유로 전환할 계획을 가지고 있다.

인증 팜유의 확대는 플랜테이션 조성에 따른 열대우림의 서식지 파괴를 방지하고 생물다양성을 보호하는 데 중요한 역할을 할 것이다. 인증체계 자체에 대한 여러 가지 혼란과 문제 제기가 있음에도 불구하고, 지속적인 개선을 통하여 보다 나은 방향으로 나아갈 것으로 기대한다.

7. 바다를 지키는 에코 라벨

지난 반세기 동안 해산물의 수요는 5배나 증가하였다. 전 세계 10억여 명의 사람들이 어류에서 일차적인 단백질을 공급받는다. 2억여 명이 어업으로 생계를 이어간다.[28] 어류의 대량 수요로 바다의 어획고는 점점 고갈되고 있다. 생태계를 전혀 고려하지 않는 무분별한 어획 방식도 심각한 문제이다.

유니레버(Unilever)는 1997년 해양 생물자원의 리스크에 적극적으로 대처하고자 세계자연보호기금(WWF)과 공동으로 해양관리협의회(Marine Stewardship Council, MSC)를 설립하였다. 해양관리협의회(MSC)는 세계식량기구가 정한 '책임 있는 어업의 행동 규범'에 기초하여 지속가능한 어획 방법에 관한 기준을 정하였다. 그리고 기준을 준수하는 어업 생산자나 가공 및 유통업자를 인증하는 활동을 시작하였다. 해양관리협의회(MSC)의 인증원칙과 기준은 주로 생태계를 고갈시키는 과도한 어획을 피하기 위한 내용이다. 어업에 의한 생태계 영향의 최소화와 지속가능한 어획 방법, 그리고 효과적인 관리 시스템을 구축하는 것이 기본 원칙이다. 인증 심사는 대략 1년 정도 걸리고, 심사비용과 마크 사용료를 지불해야 한다. 해양관리협의회(MSC)의 인증은 어획에서 가공, 판매까지 수산품의 모든 공급망에 부여되기 때문에 '바다의 에코라벨'이라고 불린다.

<MSC 인증의 원칙과 기준>

인증원칙	1. 지속가능한 어획고: 어업은 생태계를 고갈시키지 않는 방법과 고갈된 개체군을 회복할 수 있는 방법으로 실시되어야 한다. 2. 환경 영향의 최소화: 어업은 생태계 구조, 생산력, 기능, 다양성을 유지하도록 실시되어야 한다. 3. 효과적 관리: 법과 규제를 엄수하고, 지속적인 자원 이용이 가능한 제도와 효과적인 관리 시스템을 만든다.

---

28) www.seafish.org

인증기준	1. 자원상태와 어업현황을 조사하고 정보를 공개한다.
	2. 어획 가능한 어류의 종류와 양, 크기, 기간, 성별 등을 결정한다.
	3. 이해관계자 협의에 기초하여 지속가능한 어업을 위한 장기적 계획과 목표를 수립한다.
	4. 어업이 과도하게 이루어지는 경우, 그를 규제하거나 금지할 규칙이 있다.
	5. 생물 서식 환경과 지역문화에 맞는 어업 방법과 규모에 따른다.
	6. 가능한 한 혼획을 피하고 방지하는 도구를 사용한다.
	7. 독이나 다이너마이트 등 자연을 파괴하는 어업을 하지 않는다.
	8. 어획 도구를 분실하거나 어선의 오일이 새지 않도록 한다.

해양관리협의회(MSC)의 인증은 지속적으로 증가하여 2013년 현재 전 세계 어획량의 7% 정도를 차지한다. 인증 개수도 매년 증가하여 2013년 MSC 인증 어장이 198개소, 평가 중인 곳이 100개이다. 52곳은 MSC 기준에 기초한 어장 개선 프로그램에 참여하고 있다.[29]

몰디브의 가다랑어 채낚이(pole and line) 어장은 2012년에 해양관리협의회(MSC)의 인증을 받았다. 채낚이 방법은 환경 영향이 적은 몰디브의 전통적인 어획 방법이다. MSC 마크가 부착된 몰디브의 가다랑어는 지속가능한 원재료를 요구하는 유럽의 소매업자 및 식품서비스업체에 공급되고 있다. 몰디브에서 어업은 국가 인력의 30%를 고용하고, 국내총생산의 15%를 차지할 만큼 경제활동의 중추적 역할을 한다.

해양관리협의회(MSC) 마크는 수산물의 생태계를 배려하여 생산되었고 이력을 추적할 수 있음을 알릴 수 있다. 수산물 소매업자 및 유통업자, 식품서비스 기업은 해양관리협의회(MSC)의 인증 마크를 매개로 소비자들에게 지속가능한 어업에 대한 메시지를 전달한다. 소비자는 인증 제품을 선택함으로써 스스로 환경을 배려하고 있음을 나타낸다.

---

29) MSC Annual Report 2012~2013.

2000년 이후부터 판매하기 시작한 해양관리협의회(MSC)의 인증 제품은 2007년 이후 급속히 보급되었다. 2013년 3월 해양관리협의회(MSC) 인증 제품의 숫자는 19,982개로 글로벌 시장 가치는 35억 달러에 이른다.[30]

<MSC의 에코라벨>

해양관리협의회(MSC)의 인증 수산물을 취급하는 레스토랑만 해도 21,730개소에 달한다. 레스토랑은 지속가능한 수산물의 중요성에 대한 메시지를 사람들에게 전달할 수 있는 좋은 장소이다. 소비자 인식의 증가는 지속가능한 수산물에 대한 수요를 더욱 촉진시킬 것이다.

대규모 식품서비스 기업의 참여도 활발하다. 맥도날드는 전 세계적으로 연간 1억 개나 팔리는 피레오피쉬의 99%에 해양관리협의회(MSC) 인증 제품을 사용하고 있다.[31] 2012년 런던 올림픽의 공식 스폰서였던 맥도날드는 선수촌과 올림픽 공원 등의 점포에서도 인증 마크가 부착된 피레오피쉬를 판매하였다. 미 맥도날드는 미국 전역의 14,000여 개 매장에서 해양관리협의회(MSC) 인증 수산물을 사용하였다. 북미의 월마트도 천연 수산물에 있어 해양관리협의회(MSC) 인증 제품만을 취급하겠다고 선언했다. 영국, 스웨덴, 일본 등에서는 해양관리협의회(MSC) 인증의 획득과 소비가 점차 증가하고 있다. 2008년 네덜란드에서는 해양관리협의회(MSC) 인증 제품

---

30) MSC Annual Report 2012~2013.

31) 生物多様性が企業経営の中核に自然の価値を製品に見える化, Nikkei Ecology, 2012.12. pp.38~49.

수가 전년 대비 2,200%나 증가하는 진기록을 세웠다.[32]

최근 해양관리협의회(MSC)는 지속가능한 수산물에 관한 다양한 캠페인과 홍보활동을 펼치고 있다. 유튜브나 TV 등의 미디어를 적극 활용하고, 해양관리협의회(MSC)의 제품을 검색할 수 있는 스마트폰 앱도 개발하였다. 국내에는 아직 널리 알려지지 않았지만 2013년 동원, 한성 등 주요 수산물 관련 업체들이 해양관리협의회(MSC) 인증을 취득하였다. 소비자의 관심과 인식 확대, 그리고 행동 변화야말로 지속가능한 어업과 해양 생태계를 지킬 수 있는 힘이 될 것이다.

32) 企業が取り込む生物多様性研究会(2010), 企業が取り込む生物多様性入門, 日本能率協会マネジメントセンター.

Part 5

기업의 본업을
통한 생물다양성
보전 사례

1. 패밀리 레스토랑 빅쿠리동키의 식재료 조달

일본 전국에 수백여 개의 체인점을 지닌 빅쿠리동키(びつくりドン キー)는 햄버거 정식을 주 메뉴로 하는 인기 패밀리 레스토랑이다. 돈키호테를 연상시키는 익살스러운 외장으로도 유명한 빅쿠리동키 를 운영하는 기업은 주식회사 아레프(Aleph)이다. 아레프는 1968년 창업 이후 사람의 건강은 물론 생태계 건강과 생물다양성을 배려한 식재료 조달을 추구해왔다.

아레프는 계약농장을 통해 자사의 원칙과 기준에 맞는 식재료를 조달하고 있다. 빅쿠리동키의 주원료인 햄버거에 사용하는 고기는 사 람과 생태계의 건강을 배려하여 생산된 것이다. 일반적으로 햄버거용 고기는 다량의 곡물1)과 항생제 등의 화학물질 사용, 대규모의 산림 벌채2) 등을 통하여 생산되기 때문에 비위생적·비윤리적·환경파괴 적이라고 논란이 되곤 한다. 하지만 아레프의 햄버거는 뉴질랜드와 호주의 계약 목장에서 성장 호르몬제와 항생물질을 사용하지 않고 풀만 먹이는 초지 농업으로 사육된 '천연 소고기(Natural Beef)'로 만 들어진다. 초지 사육은 토양과 미생물 등 방목지의 생태계 전반을 관 리해야 가능하다. 아레프의 천연 소고기(Natural Beef)는 아래 원칙 에 따라 자체적인 감사는 물론 제3자 감사를 거쳐 인증된 것이다.

---

1) 소는 원래 초식동물이라 곡물 사료를 주지 않고 풀을 먹여 방목하는 편이 안전하고 건강하다. 일반적으로 햄버거 재료인 고기 1kg을 만들기 위해서 닭고기는 곡물 4kg, 돼지고기는 곡물 7kg, 소고기는 11kg의 곡물이 필요하다.

2) 세계식량기구(FAO)가 발행한 '세계산림자원평가 2005'에 따르면 벌채된 열대우림의 70%가 방 목지로 전환되고 있다.

<일본 고베의 빅쿠리동키 매장>

<빅쿠리동키의 주 메뉴 햄버거 스테이크 정식>

아레프의 천연 소고기(Natural Beef) 원칙

(1) 맛으로 정평 있는 영국계와 유럽계의 육우이어야 한다.
(2) 성장호르몬제를 사용하지 않고 자연 성장해야 한다.
(3) 사료는 목초, 건초만 사용해야 한다.
(4) 도축 및 가공장의 위생관리를 철저히 한다.
(5) 추적 조사가 가능한 관리체제를 둔다.
(6) 광우병 발병 가능성이 가장 낮은 뉴질랜드와 호주산이어야 한다.

돼지고기의 조달도 마찬가지이다. 돼지는 보기와 달리 원래 신경질적이고 스트레스에 약한 편이다. 여유롭고 청결한 사육 환경이 아니면 그만큼 많은 항생물질에 의존하기 쉽다. 아레프는 멕시코, 캐나다, 일본 등지의 계약 농장에서 넓고 청결하며 스트레스를 최소한으로 줄인 환경에서 돼지를 사육한다. 맛과 안전을 위하여 생후 90일부터 출하까지 약 3개월 동안은 화학약품을 전혀 투입하지 않는다.

아레프는 쌀도 계약 농가를 통하여 조달한다. 계약 조건은 제초제를 단 한 번만 사용하고 합성농약의 사용을 금지하는 것이다. 1996년 이후 현재까지 아레프와 계약을 맺은 농가는 700여 곳이다. 농지 면적은 1,000헥타르(ha)에 이른다. 농약 사용을 줄인 논에서는 예전에 사라졌던 생물들이 다시 나타났다. 지역주민과 함께 생물 조사를 실시한 결과 일반 논에 비해 아레프의 계약 논에서 훨씬 많은 생물들이 관찰되었다. 이렇게 생산된 저농약쌀은 2006년부터 빅쿠리동키의 전 지점에서 제공되었다.

나아가 아레프는 2009년부터 '생물다양성이 풍부한 논'을 본격적으로 조성하였다. 다양한 생물의 서식지이기도 한 논의 습지 기능에

주목한 것이다. 아레프의 일부 계약 농가들은 추수를 마친 겨울철의 마른 논에 물을 채운다. 이른바 '겨울철 담수 논'이다. 겨울철 논에 물을 채우면 실지렁이 등이 자라는데 그 분비물이 토양에 쌓여 잡초가 발아하기 어려워진다. 그리고 토양 속의 유기물 양분이 벼에 잘 흡수된다. 실지렁이나 유스카리카 등을 먹이로 올챙이나 잠자리, 거미와 같은 다양한 생물이 서식한다. 논의 건강한 생태계가 회복되면 잡초와 해충 발생이 억제되어 농약이나 화학비료를 사용하지 않고도 질 좋은 쌀을 수확할 수 있다. 이렇게 생산된 쌀은 '생물이 풍부한 논에서 재배한 쌀(生き物豊かな田んぼのお米)'로 브랜드화하여 2010년부터 빅쿠리동키의 일부 매장에서 제공되었다. 쌀의 재배 면적은 2011년 100헥타르(ha) 정도로 빅쿠리동키에서 조달하는 쌀 전체량의 10% 정도를 차지한다. 아레프는 앞으로 이 쌀의 비율을 더욱 늘려갈 계획이다.[3)]

빅쿠리동키의 햄버거 정식에는 환경친화적으로 재배된 야채도 함께 제공된다. 아레프의 계약 농가는 무, 미니토마토, 양상추, 양파 등 야채별로 농약과 제초제의 사용 횟수를 엄격히 제한해야 한다. 가능한 한 자연의 힘으로 야채를 생산하기 위해서이다. 예를 들어, 제초제와 토양 소독제는 일절 사용하지 않고 농약은 수회 이내로만 사용한다. 미니토마토의 수분에 사용한 서양뒤영벌(Bombus terrestris)이 생태계를 교란하는 침략적 외래종임이 알려지자 아레프는 생산 농가와 협조하여 퇴치활동을 벌였다.

한편으로 아레프는 빅쿠리동키 매장을 중심으로 자원 순환 고리를 형성하기 위한 노력을 기울이고 있다. 이의 일환으로 연간 100톤 (ton)

---

3) http://www.aleph-inc.co.jp/

이상 배출되는 음식물 폐기물 중 87% 이상을 재활용한다.[4] 이는 법적 기준치를 훨씬 뛰어넘는 수치이다.[5] 음식물 폐기물은 퇴비화를 거쳐 빅쿠리동키에 공급하는 야채 재배에 사용된다. 폐식용유는 회수되어 바이오디젤 연료를 만드는 데 사용된다. 매장에서는 가능한 한 환경 부하가 적은 자재를 사용한다. 예를 들어, 냅킨이나 부엌용 종이 타월은 목재 펄프가 아닌 사탕수수 찌꺼기로 만든 버개스(bagasse)[6]가 50% 이상 혼용된 제품을 사용한다. 매장에서 사용하는 목제 접시는 간벌재나 폐목으로 만들어진 것이다.

아레프는 기본적으로 생산자의 얼굴과 재배 방법을 잘 알고 서로 협조할 수 있는 곳으로부터만 식재료를 조달함으로써 사람의 건강과 생태계를 배려하고 있다. 연간 6천만 명 이상이 방문하는 패밀리 레스토랑을 중심으로 한 이러한 활동은 기업의 부가가치를 높이고, 소비자들에게 생태계 보전의 중요성을 알리는 데에 큰 역할을 한다. 아레프는 2008년 독일에서 시작된 '비즈니스와 생물다양성 이니셔티브'에 참여하면서 보다 체계적으로 생물다양성 보전을 추진하고 있다.

2. 인증제도의 선구, 유니레버

유니레버(Unilever)는 마가린을 생산하는 네덜란드의 마가린 유니

---

4) 2011년 기준.
5) 일본 식품재활용법상 아레프는 다량발생 사업자에 해당되어 음식물 폐기물의 40% 이상을 재활용해야 한다.
6) 사탕수수의 줄기에서 설탕을 짜고 남은 찌꺼기.

와 영국의 비누 회사 레버 브라더스가 1930년에 합병하여 설립한 회사이다. 유니레버는 전 세계 150여 개국에 식품, 화장품, 샴푸, 세제 등 다양한 생활용품을 판매한다. 바세린, 도브, 립톤, 폰즈 등은 우리나라에도 잘 알려진 유니레버 브랜드이다.

2011년 유니레버는 '지속가능한 생활을 위한 10개년 계획(Sustainable Living Plan)'을 발표하였다. 주 내용은 2020년까지 100% 지속가능한 원재료를 조달하고, 폐기물과 온실가스 배출량, 물 사용량을 절반으로 줄이겠다는 야심찬 내용이다. 실제 유니레버는 2012년 말까지 농작물 원재료의 36%를 지속가능한 방식으로 조달하는 데 성공하였다. 2015년까지 50%, 2020년까지 100%의 지속가능한 조달을 달성하는 것이 유니레버의 목표이다. 이를 위해 사용량이 가장 많은 팜유, 대두, 홍차, 종이 등 열 가지 원재료부터 지속가능한 조달을 시작하여 대상을 점차 확대하고 있다. 이를 위해 유니레버는 세계 각지의 생산자 및 시민단체와 적극적인 파트너십을 구축하고 있다.

<유니레버의 지속가능한 농산물 조달 목표 및 성과>

	목표	성과(2012년 말)
팜유	2020년까지 100% 분리방식의 RSPO[주1] 인증 팜유 조달	그린팜 인증 97%, 분리방식 인증 3%
종이	2020년까지 100% FSC[주2] 인증 종이나 재활용 포장재 사용	63% 달성
대두	2020년까지 100% RTRS[주3] 대두유 조달	10% 달성
차	2020년까지 100% RA[주4] 인증 차 조달	39% 달성
과일 및 야채	2015년까지 100% 친환경 조달[주5]	과일의 7%, 13종의 야채 및 허브의 59%
카카오	2020년까지 100% RA 인증 카카오 조달	43% 달성
설탕	2020년까지 100% 지속가능한 조달[주6]	8% 달성

해바라기유	2020년까지 100% 지속가능한 조달^{주5)}	14% 달성
유채씨유	2020년까지 100% 지속가능한 조달^{주5)}	16% 달성
유제품	2020년까지 100% 지속가능한 조달	31% 달성

주1) RSPO: 지속가능한 팜유를 위한 원탁회의(Roundtable for Sustainable Palm Oil)
주2) FSC: 산림관리협의회(Forest Stewardship Council)
주3) RTRS: 지속가능한 대두를 위한 원탁회의(Roundtable on Responsible Soy)
주4) RA: 열대우림동맹(Rainforest Alliance)
주5) 유니레버의 규정(Unilever Sustainable Agriculture Code)에 따라 자체 검증
주6) 사탕수수 생산의 환경 및 사회적 영향을 줄이기 위한 비영리 이니셔티브 Bonsucro 원탁회의에 참여하여 친환경 설탕 인증서를 구매함.

사실 유니레버는 원재료의 70%를 농산물 등 생물자원에 의존하고 있다. 세계 농작물 중에서 유니레버가 구입하는 양은 상당한 비중을 차지한다. 예를 들어, 홍차 12%, 토마토 7%, 해바라기유 5%, 팜유 4%이다. 이러한 생물자원들이 고갈되거나 가격이 오르면 유니레버는 타격을 받을 수밖에 없다. 실제로 1990년대 중반 대구 등 주요 어류종이 감소하여 공급에 차질이 생기고 가격이 크게 올랐다. 자연자원에 대한 유니레버의 적극적인 대응은 윤리적·환경적 문제를 넘어 경영전략의 하나라고 할 수 있다. 유니레버의 대표는 "세계적인 수산물 구입업체로서 어류를 고갈시키는 어획 방식을 막는 것은 유니레버의 상업적 이해관계와도 직결된다"라고 말했다.

유니레버가 과감하게 지속가능한 조달을 추진할 수 있는 것은 폭넓은 파트너십 구축과 함께 다양한 인증제도를 설립하는 등 십수 년간의 노력이 축적되었기 때문이다. 유니레버는 1996년부터 지속가능한 농업 프로그램을 시작했다. 팜유, 홍차, 토마토, 시금치 등 주요 농산물을 대상으로 지속가능한 농업 가이드라인을 만들었다. 가이드라인에는 생물다양성 보전, 토양 보전, 에너지, 수자원 등과 관련된 지표가 포함되어 있다. 가이드라인을 기초로 유니레버는 세계자연보호기금(WWF)

등의 환경단체와 공동으로 국제 인증제도를 만드는 데 앞장섰다. 주로 생산자와 유통업자 등 다양한 이해관계자가 참여하는 원탁회의 중심의 인증제도이다. 지속가능한 팜유를 위한 원탁회의(RSPO), 해양관리협의회(MSC), 열대우림동맹(RA),⁷⁾ 지속가능한 대두를 위한 원탁회의(RTRS)는 모두 유니레버가 주도적으로 참여하여 만든 인증제도이다.

유니레버는 팜유, 종이, 대두, 차 등의 원재료의 지속가능한 조달 계획을 달성하기 위하여 인증제도를 적극 활용하였다. 아직 인증제도가 없는 농산물에 대해서는 파일럿 프로젝트 등을 통하여 모델을 개발하였다. 그리고 자체 조달 규정인 '유니레버 지속가능한 농업규정(Unilever Sustainable Agriculture Code)'에 따라 검증하였다. 유니레버는 생산자들과 협조하여 경작법을 개선하고 교육과 훈련을 통하여 인증 취득을 지원하였다. 한 예로, 2015년까지 립톤(Lipton) 티백에 사용하는 모든 차를 열대우림동맹의 인증 농원에서 조달하는 목표를 달성하기 위해 유니레버는 45만 명의 홍차 생산자가 교육을 받고 인증을 취득하도록 지원했다.

자원 고갈의 위기에 대응하여 생태계를 배려한 인증제도를 만들고 인증 제품의 수요 확대에 앞장서온 유니레버의 행보는 지속가능한 원재료 조달이 비즈니스에도 도움이 된다는 전략적 사고에 기초한다. 유니레버는 생물다양성에 손실을 가져오는 상품은 장기적으로 소비자에게 받아들여지기 어렵다는 것을 인식하고 글로벌 표준이 될 만한 인증제도를 선도적으로 만들어 리더십을 확보하였다. 이러한 전략은 유니레버의 브랜드를 강화시키고 장기적으로 원재료의 공급을 안정화

---

7) 유니레버는 열대우림동맹(Rainforest Alliance)과 함께 케냐의 홍차 농원에 대한 감사를 실시하고 지속가능한 인증기준을 개발하였다.

시켜 비즈니스의 지속가능성을 높이는 데 도움이 될 것이다. 유니레버의 장기적 상생 전략은 기업 가치에도 반영되는 듯하다. 유니레버는 다우존스 지속가능성 지수(Dow Jones Sustainabiity Indexes)[8]에서 10년 연속 식품업계 리더로 선정되는 등 성과를 올리고 있다.

3. 세계 최대 유통업체 월마트의 변신

유통업체는 조달품목의 선정과 포장, 배송 등을 통하여 생물다양성과 기후변화와 같은 환경문제에 중대한 영향을 미친다. 특히 월마트와 같은 세계 최대 규모의 유통업체가 미치는 영향력은 실로 막강하다. 한국에서는 문화적 차이 등의 이유로 진출에 실패했지만, 월마트는 전 세계 8천여 개[9]의 매장을 지닌 세계 1위의 유통업체이다. 미국 샘스클럽(Sam's Club), 일본 세이유(西友), 영국 아스다(ASDA)도 월마트 계열의 유통 브랜드이다. 월마트에 제품을 납입하는 공급업체만 해도 10만 개가 넘는다.[10]

월마트는 1962년 창업 이후 저가 제품을 대량 판매하는 전략으로 성장해왔다. 그러한 탓에 월마트는 환경 보전과는 거리가 먼 대량 소비와 폐기 문화를 상징하는 기업이었다. 그런데 월마트가 2000년대 중반 이

---

8) 이 지수는 1999년 미국의 다우 존스사와 스위스의 Sam 서스테이너빌리티(Sustainability) 그룹에 의해 공동 개발된 국제 주식 지표이다. 전 세계 2,500여 기업의 경제성, 환경성, 사회성 측면의 지속가능성을 평가한다. 매년 지속적 성장이 전망되는 상위 10%의 기업이 발표되는데, 이는 세계의 SRI(사회적 책임투자) 펀드와 기업 주식에도 큰 영향을 미친다.

9) 2009년 1월 현재 7,873개의 점포.

10) Walmart(2013), Global Responsibility Report.

후부터 변하기 시작했다. 2005년 허리케인 카트리나를 통하여 기후변화의 직접적 영향을 인식하였기 때문이라고 한다. 아마도 환경 경영 없이는 진정한 글로벌 경쟁력을 유지하기 어렵다고 판단했을 것이다.

2005년 당시 월마트의 CEO인 리 스콧 씨는 '지속가능성 360'이라는 환경정책을 발표하였다. 월마트의 환경 경영은 에너지, 폐기물, 상품 세 분야로 나뉜다. 에너지 분야는 100% 재생 가능한 에너지를 사용하고 온실가스를 감축하며 에너지 효율성을 높이는 것을 목표로 한다. 폐기물의 경우, 배출량 제로(zero)를 목표로 폐플라스틱과 음식물 쓰레기 등을 줄이는 시책을 추진하고 있다.

생태계 보전과 관련이 깊은 상품 분야는 공급망의 그린화를 핵심으로 삼는다. 월마트는 '지속가능한 상품만 판매한다'는 목표하에 10만여 공급업체에 협력을 구하였다. 월마트의 지속가능한 상품 조달기준에는 "생태학적 기능, 생태계 서비스 및 중요한 생물다양성을 보전하고, 법적으로 지정된 보호지역을 엄수한다"라고 명시되어 있다.

지속가능한 조달을 위해 월마트는 상품을 조달하는 공장을 환경 및 사회적 측면에 따라 6개 등급으로 구분한다. 그리고 등급이 높은 공장으로부터의 조달 비율을 점차 늘리고 있다. 월마트의 사회책임 보고서에 따르면 2012년 공장의 95%가 최상위 등급인 그린 및 옐로우 등급에 해당된다.

상품의 지속가능성 지수(Sustainability Index)는 월마트의 공급망 그린화를 위한 주요 도구이다. 이 지수는 상품의 지속가능성을 측정하고 개선하기 위한 것으로 원료 채취에서 판매, 사용, 폐기에 이르는 전과정 환경 영향을 평가한다. 장난감, 의류 등 제품 범주별로 개발된 지속가능성 지수를 토대로 점수표(scorecard)가 만들어진다. 점수표는 월마트의 바이어들이 제품을 조달하거나 프라이빗 브랜드 (PB) 제품을 설계하는 데에 이용된다. 월마트는 2017년까지 미국 월마트와 샘스클럽(Sam's Club)에서 판매하는 제품의 70%를 지속가능성 지수를 적용하는 공급업체로부터만 조달하겠다고 공표하였다.

제3자 인증 취득도 월마트의 조달기준 중 하나이다. 미국 월마트는 해양 및 양식 수산물에 대하여 해양관리협의회(MSC) 등의 인증 제품만 조달하겠다고 선언하였다. 2012년 미국 월마트가 판매한 양식 수산물의 97%가 BAP[11] 인증을 받은 것이었다. 나머지 3%는 송어, 굴, 조개, 홍합과 같이 상대적으로 환경 리스크가 낮아 적용할 만한 인증 표준이 없는 양식 수산물이었다. 월마트는 2015년까지 모든 프라이빗브랜드(PB) 제품에 지속가능한 팜유를 위한 원탁회의(RSPO) 등의 인증을 받은 팜 오일을 사용할 방침이다. 또한 지속가능한 농산물을 조달하기 위해 브라질, 아르헨티나, 칠레 등 신흥시장의 중소 규모 농부와 커뮤니티를 지원하는 프로젝트를 진행하고 있다.

한편, 월마트는 2008년부터 국제보전협회(Conservation International, CI)와 함께 금, 은, 다이아몬드 등 광산물의 지속가능한 조달을 위한 'Love Earth' 프로젝트를 진행하였다. 월마트에 보석을 납품하는 공급업체는 광물의 환경적·사회적 이슈를 포함한 조달기준을 지켜야 한다. Love Earth에 포함되는 반지, 펜던트, 목걸이 등 귀금속은 원재료의 채굴에서 제조, 판매에 이르는 전 과정 이력이 공개된다. 소비자는 Love Earth 홈페이지를 통하여 귀금속의 원재료가 어느 광산에서 어떻게 채굴·가공·제조되었는지를 검색할 수 있다.

---

11) Best Aquaculture Practice의 약자로 지속가능한 양식 수산물의 인증 프로그램.

<월마트의 Love Earth 홈페이지>

월마트가 생물다양성의 보전과 관련되어 실시한 획기적인 일 중
의 하나는 자발적인 생물다양성 옵셋이다. 월마트는 2005년 국립 어
류 및 야생동물 보호재단(National Fish and Wildlife Foundation)과
협력하여 월마트 매장 등을 위해 개발한 토지와 같은 면적의 야생동
물 서식지를 보전하는 'Acres for America'라는 프로그램을 실시하
였다. 사업을 위해 1에이커(acre)의 토지를 개발하면 1에이커(acre)
를 보전하는 'One Acre for Every Acre'를 목표로 한다. 농촌 생태
계뿐 아니라, 워싱턴이나 뉴욕, 시카고 등 대도시의 분단된 생태계
도 복원하였다. 이 프로그램을 통해 보전된 토지는 약 69만 에이커
(acre)에 이른다. 이는 월마트가 매장이나 주차장, 유통센터 등에 사
용한 토지면적을 훨씬 초과하는 규모이다. 월마트는 토지 이용에 대

한 대규모 생물다양성 옵셋을 실시함으로써 난개발에 앞장선다는 항간의 비난에서 벗어나고 싶었던 듯하다.

4. 이온의 지속가능한 조달

이온(Aeon)은 일본 최대의 유통·소매업체로서 일본뿐 아니라, 중국, 인도네시아, 말레이시아 등 아시아 지역에도 점포를 확대하고 있다. 온실가스 저감 등 환경 경영에 앞장서온 이온은 최근 지속가능성 기본 방침의 하나로 생물다양성 보전을 중점 과제로 설정하였다. 이온의 생물다양성 방침은 크게 지속가능한 상품 조달, 환경친화형 점포 개발, 고객과의 커뮤니케이션이라는 세 가지 요소로 이루어진다.

지속가능한 조달을 위하여 이온은 생태계 보전을 배려하는 인증 농수축산물 등을 '톱밸류 그린아이(Topvalu green eye)'라는 상품군으로 별도 분류한다. 이온의 톱밸류(Topvalu)는 1974년 개발된 이후 연매출이 5,300억 엔에 이르는 일본 최대의 프라이빗 브랜드(Private Brand)로 성장하였다. 톱밸류(Topvalu)는 안전성, 가격, 환경 등 주력하는 분야에 따라 여덟 가지로 구분된다. 그중 톱밸류 그린아이(Topvalu green eye)는 농약과 화학비료, 항생물질, 합성첨가물 등의 사용을 억제하여 만든 농수축산물과 그 원료로 만든 가공식품 브랜드이다. 톱밸류 그린아이(Topvalu green eye) 제품은 아래의 다섯 가지 기준에 따라 설계 및 개발, 판매된다.

이온의 톱밸류 그린아이 제품 기준

(1) 합성착색료, 합성보존료, 합성감미료를 사용하지 않는다.
(2) 화학비료, 농약, 항생물질 등 화학제품의 사용을 억제하여 생산한다.
(3) 적지, 적기, 적작, 적시육 등 자연의 힘을 통한 맛을 중시한다.
(4) 환경과 생태계 보전을 배려한 농수축산물을 지원한다.
(5) 자체적으로 설정한 기준에 기초하여 생산에서 판매까지 관리한다.

<이온 매장 내 톱밸류(Topvalu) 제품>

이온은 그린아이 제품의 하나로 2006년부터 해양관리협의회(MSC)
인증을 취득한 알래스카산 연어와 연어 알을 판매하기 시작했다. 이
후 고등어와 명태 알 등으로 인증 제품을 점차 확대하고 있다. 2012년
말 이온은 일본 유통업체 중 가장 많은 12개 품목, 26개 종류의 해

양관리협의회(MSC) 인증 제품을 판매하는 것으로 알려졌다. 또한, 2008년부터는 지속가능한 산림 보전을 위한 산림관리협의회(FSC)의 인증지를 판매하기 시작했다.

새우 등의 양식 수산품에 대해서 이온은 국제유기농업운동연합(IFOM)이 정한 네 가지 유기농 원리인 건강, 생태, 공정, 배려를 기준으로 양식장 현황을 시찰한 후에 조달을 결정한다. 그린아이 품목에 포함된 인도네시아산 블랙타이거 새우는 조방양식으로 생산된 것이다. 조방양식은 집약양식과는 달리 맹그로브림과 같은 주변의 자연환경을 보전하면서 항생물질과 인공 사료를 주지 않고 새우를 양식한다. 이러한 방식은 양식장 개발로 인한 생태계 파괴를 줄일 뿐 아니라, 소비자의 건강에도 도움이 된다.

그린아이 제품에는 농약이나 화학비료의 사용량을 절반 이하로 줄인 쌀도 있다. 이를 '그린아이 특별재배미'라고 하는데, 판매 이전에 잔류 농약이나 카드뮴 등을 검사한다. 소비자는 인터넷을 통해 쌀의 산지, 생산자, 농약 사용량 등을 검색할 수 있다. 또한, 그린아이 품목에 포함된 소고기는 호주의 직영 목장에서 성장 호르몬제와 항생물질, 유전자조작사료 등 유해한 물질을 사용하지 않고 생산된 것이다.

이온은 쇼핑몰이나 센터와 같은 점포를 개발할 때에도 환경을 배려한다. 이온은 2009년부터 기존 점포보다 이산화탄소 배출량을 20~30% 줄인 에코스토어(Eco-store)를 개발하였다. 최근에는 생물다양성에도 주목하여 건설 자재의 그린 구매를 추진하였다. 또한, 점포 개발에 따른 생물다양성 영향을 평가하고 저감 방안을 마련하였다. 이온 그룹의 편의점인 미니 스톱은 일본 최초로 산림관리협의회

(FSC)의 인증목재를 100% 사용한 점포를 개설하여 주목받았다. 이 온의 쇼핑센터 내에는 생물서식지나 숲이 조성되기도 한다. 1991년 부터 이온은 신규 점포의 부지 안에 '고향의 숲'을 조성하여 고객과 함께 지역 커뮤니티의 장으로 활용하였다. 숲 만들기에서는 반드시 지역 고유의 수종을 심는다는 원칙을 지켰다.

이온환경재단은 2010년 생물다양성 보전에 기여한 국내외 조직과 개인을 표창하는 '생물다양성 어워드' 제도를 만들었다. 생물다양성 일본 어워드는 2010년 나고야 국제회의가 개최되기에 앞서 생물다 양성 보전과 지속가능한 이용을 촉진하기 위한 것이다. 생물다양성 녹색상(The Midori Prize for Biodiversity)은 국제적으로 공헌한 개 인을 표창하는 것으로 격년으로 이루어진다.

5. 광산업체 리오틴토의 생물다양성 옵셋

구리나 알루미늄, 다이아몬드 등 광물은 인간의 생활수준을 높이 는 데 크게 기여해왔다. 예를 들어, 구리는 전 세계적으로 수요가 가 장 많은 금속 중 하나이다. 단독 주택 한 채를 짓는 데에만 대략 199kg의 구리가 필요하다.[12] 에어컨, 냉장고, 세탁기, 전자레인지, 식기세척기, 병원용 집기 등에도 대부분 구리가 사용된다. 이 외에 자외선 차단제에 사용되는 이산화티타늄, 경량의 차량을 만드는 데

---

12) Copper Development Association Inc.

사용되는 알루미늄, 풍력 발전기에 사용되는 붕산염 등 광물은 현대 문명에 없어서는 안 될 중요한 존재이다.

하지만 광물의 채굴 및 제조 과정은 광범위한 토지와 수자원, 연료 등의 자원을 소모하고, 다량의 오염물질을 배출하는 등 환경문제를 초래한다. 광물을 채굴할 때에는 지표면의 식생이나 토양을 제거하고 터널이나 갱로를 판다. 산성용액 등의 화학약품을 주입하거나 대량의 토사를 파내고 발파 작업을 한다. 채취된 광물에서 불순물을 제거하고 정제 및 정련하는 과정에서는 대량의 분진과 폐기물이 발생하고 많은 물을 사용한다.13) 수송을 위한 파이프라인과 철도, 항만 등의 인프라도 필요하다.

광산업체는 일차적으로 광물자원이 풍부한 지역에 대한 접근 및 사용권을 얻어야 한다. 이를 위해서는 환경문제를 비롯한 지역사회 문제에 적극적으로 대응하고 원활한 관계를 구축해야 한다. 이러한 배경하에 광산업계는 비교적 일찍부터 환경문제 및 생물다양성 관련 리스크를 인식하고 공동의 노력을 기울여 왔다. 1998년에는 전 세계의 99개 기업이 모여 지속가능한 광산업을 위한 '글로벌 마이닝 이니셔티브(Global Mining Initiative, GMI)'를 설립하였다. 2001년에는 리오틴토, 앵그로 아메리카, 미쓰비시 머티어리얼 등 세계적인 광산 및 금속업 기업들이 모여 '국제금속광업평의회(International Council of Mining and Metal, ICMM)'를 설립하였다. 국제금속광업평의회(ICMM) 회원14)은 '지속가능한 개발 프레임워크'의 열 가

---

13) 물의 안정적 공급을 위해 광산 주변에 댐을 건설하고, 물속의 중금속 등의 불순물을 제거하기 위한 설비를 건설하기도 한다. 주요 광산의 3분의 1은 물 부족이 심한 유역 내에 위치한다.
14) ICMM에는 현재 34개 협의회와 22개 기업 회원이 참가하고 있다.

지 원칙15)과 요구사항을 준수해야 한다. 또, GRI(Global Reporting Initiative) 원칙에 따라 보고하고 제3자 검증을 이행해야 한다. 국제 금속광업평의회(ICMM)는 매년 회원사의 이행 상황을 평가하고 연간 보고서에 발표한다. 2006년에는 국제자연보호연맹(IUCN)과 공동으로 '광업과 생물다양성을 위한 우수 사례 가이던스(ICMM good practice guidance for mining and biodiversity)'를 발표하였다. 주 내용은 광산 개발의 계획, 굴삭, 생산, 폐광 후의 전 과정에 걸쳐 생물다양성에 미치는 영향을 저감하는 방법이다. 예를 들어, 세계유산 지역 등 생물다양성이 높은 지역에서 광산 개발을 하지 않고, 채굴 시에는 공정별로 환경 부하량을 조사하고 경감시켜야 한다.

국제금속광업평의회(ICMM)의 설립 회원인 리오틴토(Riotinto)는 영국과 호주에 본사를 둔 세계 2, 3위의 광산업체이다. 주로 철, 동, 석탄, 알루미늄, 금, 다이아몬드 등 광물자원을 개발한다. 2011년 말 리오틴토가 소유 및 운영하는 광산은 총 110여 개로 면적으로는 대략 43,500km^{2}이다.16) 광산들은 보통 보호지역 내에 또는 보호지역과 인접하고 있어 생물다양성이 높고 멸종위기종이나 생태적으로 중요한 종들이 서식하는 경우가 많다.

리오틴토는 한때 NGO의 비판 대상이기도 하였으나, 2000년대 이후 그 어느 기업보다 정교한 생물다양성 보전 전략을 실행해왔다. 리오틴토는 사업 특성상 채굴 및 제조 과정에서 막대한 환경 영향을 피하기 어렵다. 또, 광물자원이 풍부한 토지에 대한 접근권과 사업 운영권을 획득하는 것이야말로 지속가능한 조업의 전제 조건이기

---

15) 그중 일곱 번째가 생물다양성 보전 및 토지 이용에 관련된 것이다.

16) RioTinto(2012), Rio Tinto and biodiversity: working towards Net Positive Impact.

때문에 환경문제, 특히 생물다양성 문제를 경영전략상의 매우 중대한 사안으로 여긴다.

리오틴토는 2004년 생물다양성 전략을 발표하였다. 핵심 내용은 생물다양성 순긍정영향(net positive impact)을 달성하는 것이다. 앞에서 설명한 생물다양성 옵셋 계층구조에 따라 광산 개발 시 생태계에 미치는 영향을 최소화하고 불가피한 영향을 상쇄하여 순긍정영향(net positive impact)을 달성하는 것이 기본 방침이다. 이를 위해 리오틴토는 국제보전단체(Conservation International), 국제조류단체(Birdlife International), 국제자연보전연맹(IUCN) 등과 협력하여 다양한 절차와 방법론을 개발하였다.

2007년에는 광산과 주변 지역의 생물다양성 가치를 평가하는 도구17)를 개발하였다. 생물다양성이 풍부한 서식지까지의 거리, 보전 중요성이 높은 종의 서식 유무, 생물다양성 위협 요소 등에 기초하여 광산 지역의 생물다양성 가치를 네 단계로 평가하였다. 2011년에 이를 적용한 결과, 광산 지역 72곳 중 38곳이 생물다양성 가치가 '매우 높음' 또는 '높음'으로 평가되었다. 생물다양성 가치가 높은 지역에서는 생태계 영향을 완화 및 옵셋하기 위한 '생물다양성 행동계획(Biodiversity Action Pan)'을 세우고 실행해야 한다.

리오틴토는 마다가스카르 등의 광산 개발 현장에서 생물다양성 옵셋을 위한 파일럿 프로젝트를 실시하였다. 마다가스카르는 세계에서 네 번째로 큰 섬으로 산업화 수준이 낮고 빈곤율이 높아 생계를 위해 산림을 이용하는 경우가 많다. 그에 따른 산림의 손실과 분단

---

17) 이를 'Global Biodiversity Values Assessment Protocol(GBVA)'이라 한다.

도 심각하다. QMM[18] 광산이 위치한 마다가스카르 남동부 연안림 지역에는 다양하고도 독특한 고유생물종들이 서식한다. 광산 개발로 인한 가장 부정적인 영향은 1,665헥타르(ha)에 이르는 연안림 서식지의 손실이다. 리오틴토는 네 가지 핵심 활동을 통하여 서식지와 종에 미치는 영향을 줄였다. 우선 영향을 회피하기 위한 보호지역을 설정하였고, 교통수단에 의한 야생생물의 로드킬(road-kill)을 방지하는 등 영향을 최소화하는 방안을 마련하였다. 또한, 보호지역에 인접하여 지역 고유종을 식재 및 복원하였고, 약 6천 헥타르(ha)의 산림을 조성하여 생물다양성 옵셋을 실시하였다. 나아가 지역주민에 대한 생물다양성의 교육과 역량 강화, 훈련과 같은 추가적인 보전 정책도 실시하였다.

리오틴토는 미국 유타 주 그레이트 솔트레이크(Great Salt Lake)의 광산 개발지에서도 파괴된 습지를 복원하여 생물다양성 옵셋에 의한 순긍정영향을 달성하였다. 그레이트 솔트레이크(Great Salt Lake)는 다양한 철새의 중간 기착지이자 번식지로 생물다양성 보전에 중요한 곳이다. 리오틴토는 케니코트 구리 광산(Kennecott Utahh Copper)에 의한 습지 손실을 보상하기 위해 1996년부터 물새 보호구(Inland Sea Shorebird Reserve)를 조성하였다. 그 후의 모니터링에 따르면 보호구에는 이전보다 많은 조류가 관찰되었다.

---

18) QIT Madagascar Mineral의 약자이다. 광산의 80%는 리오틴토가, 20%는 마다가스카르 정부가 소유한다.

6. 생물다양성으로 부동산 가치를 높이는 세키스이하우스

　건설업은 목재를 포함한 다량의 생물자원과 토지를 사용하여 생태계에 광범위한 영향을 미친다. 최근의 연구 결과에 따르면, 자연 친화적인 방식으로 개발된 부동산의 시장 가치는 상대적으로 높다. 예를 들어, 일본 동경시의 23개 자치구 중에서 1헥타르(ha) 이상의 대규모 녹지 비율이 높은 미나토구(港区)와 시부야구(渋谷区)의 지가(地價)는 다른 곳에 비해 안정적이다.[19] 또, 건축연수나 역까지의 거리 등 다른 요인이 비슷한 경우, 반경 100미터(m) 이내의 녹지 비율이 높을수록 동경 시내의 아파트 임대료가 높은 것으로 나타났다.[20] 이 외에도 녹지가 보이는 병실에 입원한 환자가 더 빨리 회복되고, 가로수가 있는 상점가의 고객 체류 시간이 더 길게 나타나는 등 녹지가 건물의 부가가치를 높이는 요인임을 뒷받침하는 분석 결과가 많다. 일반적으로 녹지 면적이 넓을수록 서식하는 생물종 수도 많아진다.

　일본에는 최근 생물다양성의 부가가치를 인식한 부동산업체 및 건설회사가 많아지고 있다. 그중 하나가 일본 최대의 주택 및 조경 회사인 세키스이하우스(積水ハウス)이다. 세키스이하우스는 1999년부터 부서별 환경대책을 전사적 차원의 환경 경영으로 통합하였다. 2005년에는 '지속가능성 선언'을 기업 비전으로 발표하였다. 그 세부 내용 중의 하나가 생태계 보전이다. 세키스이하우스의 생물다양

19) 山田順え(2011), 生態系サービスを指標とした都市域の緑地評価・計画手法に関する研究.

20) 藤田香, 森ビルなどが不動産価値向上へ生物多様性に配慮した開発促進, Nikkei Ecology, 2010.01. p.19.

성 전략은 크게 두 가지를 축으로 추진된다. '지속가능한 목재 조달'과 '다섯 그루의 나무 식재' 프로그램을 통한 지역 고유종의 보전이다.

주택 회사가 가장 많이 사용하는 생물자원은 목재일 것이다. 보통 150m²의 주택 한 동을 짓는 데 약 6톤(ton)에서 15톤(ton)의 목재가 사용된다고 한다.[21] 세키스이하우스에 있어 지속가능한 목재 조달은 사회적 책임일 뿐 아니라, 안정적 목재 공급을 위한 리스크 관리이기도 하다. 세키스이하우스는 2007년에 목재 조달 가이드라인을 개발하였다. 그전까지만 해도 목재의 출처를 정확히 파악하는 것조차 어려웠다. 목재는 벌채지에서 몇 단계를 거쳐 조달되므로 지속가능성을 추적하기가 쉽지 않기 때문이다. 특히나 인도네시아산 목재는 합법적으로 벌채된 것이더라도 지속가능성이나 생물다양성 측면에 문제가 있는 경우가 많았다.[22] 이러한 현실을 고려하여 세키스이하우스는 형식적인 합법성 증명이 아닌 실질적인 지속가능성의 향상에 중점을 두었다. 이를 위해 60여 개의 목재 조달업체 및 공정목재(fair wood) 운동을 펼치는 국제 NGO '지구의 친구들(FoE Japan)'과 협력하여 가이드라인을 개발하였다.

세키스이하우스의 지속가능한 목재 조달 가이드라인

(1) 위법 벌채의 가능성이 낮은 지역에서 생산된 목재
(2) 귀중한 생태계가 아닌 곳에서 생산된 목재

---

21) 세키스이하우스의 경우, 경량철골조 주택을 짓는 데 약 6톤(ton), 목조주택을 짓는 데 약 15톤 (ton)의 목재를 사용한다.
22) 藤田香, 生物多様性の測り方, Nikkei Ecology, 2009.07. pp.93~100.

> (3) 지역 생태계를 파괴하거나 천연림 벌채가 이루어지지 않는 곳에서 생산된 목재
> (4) 멸종 우려가 있는 수종이 아닌 목재
> (5) 생산, 가공, 수송 과정에서 온실가스 배출 감소를 배려한 목재
> (6) 산림벌채에 관한 지역주민과의 대립이나 부당 노동행위가 없고 지역 사회에 기여하는 목재
> (7) 산림의 회복 속도를 넘지 않는 계획적인 벌채가 이루어지는 지역에서 생산된 목재
> (8) 계획적 산림 경영이 이루어져 생태계 보전에 기여하는 국산목재
> (9) 자연생태계의 보전과 창출에 기여하는 방법으로 식재된 목재
> (10) 자원 순환에 공헌하는 목질 건재(建材)

세키스이하우스의 목재 조달 가이드라인에는 열 가지 지침이 포함된다. 조달된 목재는 지침에 따라 점수화되어 S, A, B, C의 네 등급으로 평가된다. 열 가지 지침 중 중요성이 보다 높은 '위법 벌채의 가능성이 낮은 지역에서 생산된 목재'와 '멸종 우려가 있는 수종이 아닌 목재'의 두 항목에 대해서는 하한선을 두었다. 산림관리협의회(FSC)와 같은 제3자 인증 목재에 대해서는 가산점을 주어 인증재의 유통 비율이 아직 낮고 비용이 높은 현실을 반영하였다. 지속가능성 측면에서 문제가 되는 목재가 발견되면 공급업체와 협력하여 다른 수종으로 바꾸는 등 개선 방안을 모색하였다.

세키스이하우스는 매년 목재 등급을 평가하고 S와 A등급의 조달 비율을 늘리는 방향으로 관리한다. 참고로 2012년에 조달된 목재는 S등급 57%, A등급 32%, B등급 8%, C등급 3%이었다.[23] 이러한 세키스이하우스의 대책은 정부의 법률적 요구수준[24]을 넘어선 것으로

---

23) Sekisui House Sustainabiity Report 2013.

타사와의 차별화 요소가 되고 있다. 세키스이하우스의 목재 조달 가이드라인은 '생물다양성 일본어워드' 및 '그린구입대상' 등에서 표창을 받기도 했다.

세키스이하우스의 생물다양성 전략의 또 다른 한 축은 '다섯 그루의 나무' 계획이다. 2001년부터 도입된 조원 녹화사업의 기본 개념으로 '세 그루는 새를 위해, 두 그루는 나비를 위해 지역의 재래수종을 심자'는 내용이다. 조경을 위해 기존에 많이 사용되던 원예종이나 외래종은 아름답고 관리하기 쉽다. 하지만 지역의 기후 풍토나 병해충에 대한 적응력이 떨어지고 생물과의 상생 관계도 적어 생물다양성 측면에서는 바람직하지 않다. '다섯 그루의 나무' 계획은 전통적 농촌 경관에서 연료와 식량을 제공하는 등 인간과 밀접한 관계를 맺으며 풍부한 생물다양성을 유지하던 마을림25)의 개념을 도시 정원과 마을 만들기에 접목시킨 것이다. 세키스이하우스는 환경단체와 협력하여 일본 전국을 다섯 지역으로 구분하고, 각 지역에 맞는 재래종 수목에 관한 목록을 작성하였다. 그리고 80여 개의 재래종 공급업체와 네트워크를 구축하였다.

'다섯 그루의 나무' 프로그램을 통한 식재수는 2002년 58만 그루에서 2012년 101만 그루로 증가하여 누계 913만 그루에 달하였다. 2008년부터는 지역주민이 참가하는 생물조사를 실시하여 이전보다 풍부한 조류와 곤충이 서식하고 있음을 확인하였다. 이제 '다섯 그루의 나무'는 세키스이하우스의 핵심 브랜드로 성장하여 다른 업체

---

24) 일본 정부는 그린구입법에 따라 합법성을 증명한 목재를 조달하도록 한다.

25) 사토야마(里山)라고 한다. 2010년 나고야에서 열린 생물다양성 협약 당사국회의에서 사토야마의 생물다양성 보전을 위한 '사토야마 이니셔티브(Satoyama Initiative)'가 발족되는 등 국제적으로도 주목받고 있다.

와는 차별화된 부가가치를 올리고 있다. 그리하여 기업의 경영활동
과 생물다양성을 양립화한 좋은 사례로 알려지고 있다.

7. 제조업체 리코의 생물다양성 보전 전략

식품이나 의약품, 화장품과 같이 생물자원을 직접 이용하거나 가
공하여 제공하는 기업 또는 넓은 토지를 변화시키는 건설업과 광산
업과는 달리, 생물다양성과 직접적인 연계 고리가 적을 듯한 제조업
의 경우에는 어떠할까. 일본 기업 리코(Ricoh)는 제조업의 생물다양
성 경영에 관한 선례를 보여준다.

리코 그룹은 일본을 중심으로 전 세계 200여 개의 국가 및 지역
에서 프린터, 복사기, 토너, 디지털카메라, 반도체 등 사무용품과 정
보기기, 관련 서비스를 공급하는 사업활동을 하고 있다. 그룹 종업
원 수만 2013년 10만 명을 넘었고, 레이저 복사기의 시장 점유율에
있어 세계 선두를 차지하고 있다.

리코의 환경 경영은 에너지 절감 및 온난화 방지, 자원 절약과 재
활용, 오염 예방, 생물다양성 보전의 네 가지를 중심축으로 한다. 환
경 부하량을 2050년까지 2000년 대비 8분의 1로 줄인다는 것이 리
코의 주요 환경 경영 목표이다. 이를 달성하기 위해 리코는 제품의
재활용 기술뿐 아니라, 식물성 플라스틱과 토너 등의 환경친화적인
대체 소재를 개발하고 있다.

생물다양성 보전과 관련하여 리코는 1990년대부터 산림생태계 보

전활동을 추진해왔다. 사회적 공헌의 일환으로서 방글라데시, 브라질, 말레이시아, 중국, 가나 등 각지의 주민들과 협력하여 생물다양성 보전활동을 전개하였다. 지구 상에서 생물다양성이 가장 풍부한 지역에 위치한 가나에서는 열대림을 보전하는 자연조화형 카카오 농업을 지원하였다. 기존의 카카오 재배는 열대림을 벌채한 토지에서 단일 경작으로 이루어지기 때문에 지력이 떨어지고 병충해가 발생하기 쉬워 또 다른 열대림을 파괴시키는 악순환으로 이어졌다. 반면에 자연조화형 카카오 재배는 열대림을 벌채하지 않고 외연부의 나무 그늘에서 유기농법으로 생산한다. 리코는 2000년대 초반부터 가나의 농민 학교를 열어 자연조화형 카카오 재배를 보급시키고 생태계 보전과 지역경제의 개선을 지원하였다.

2000년대 중후반부터 생물다양성 보전에 대한 기업 참여의 중요성이 확대됨에 따라 리코도 2008년 '비즈니스와 생물다양성 이니셔티브'에 서명하였다. 2009년에는 '리코 생물다양성 방침'을 수립하였다. 그 후부터 리코는 사회적 책임활동이 아닌 사업활동과 통합된 경영전략의 하나로 생물다양성 문제를 다루기 시작하였다. 사업활동이 생물다양성에 미치는 영향을 정량적으로 파악하고 영향력이 큰 것부터 우선적으로 대책을 세웠다.

<리코의 생물다양성 방침>

기본방침

생물다양성의 혜택 속에서 사업활동을 하고 있음을 인식하여 적극적으로 그 영향을 줄이고 생물다양성을 보전하는 활동을 추진한다.
1. 경영 과제: 생물다양성 보전을 기업 경영의 주요 과제 중 하나로 삼는다.

---

2. 영향의 파악과 감축: 원재료 조달을 포함한 사업활동 전체가 생물다양
성에 미치는 영향을 평가, 분석, 수치 목표화하고, 영향을 지속적으로
감소시키기 위한 노력을 기울인다.
3. 추진방법: 생물다양성과 사업의 측면에서 영향 및 효과가 높은 대책부
터 우선적으로 실시한다.
4. 기술 개발 촉진: 생태계 및 생물자원의 지혜를 활용하는 기술을 개발
하여 생산 프로세스의 혁신을 추진한다.
5. 지역과의 연계: 행정기관, 지역주민, NGO 등 이해관계자들과 함께 귀
중한 생태계와 생물다양성을 보전하는 활동을 추진한다.
6. 전사적 참여: 경영자의 솔선수범과 전사적 대책을 통하여 전 사원이
생물다양성에 대한 이해과 인식을 높이고 보전활동에 참여한다.
7. 네트워크 확대: 고객, 공급자, NGO, 국제조직 등과 연계한 활동을 통
하여 생물다양성에 관한 정보, 지식, 경험을 공유한다.
8. 커뮤니케이션: 활동 내용과 성과를 적극적으로 알림으로써 생물다양성
보전에 대한 사회적 인식을 확산하는 데 공헌한다.

리코의 생물다양성 방침에는 "생물다양성에 미치는 영향을 수치
목표화하여 지속적으로 감축한다"는 항목이 있다. 이의 일환으로 리
코는 복사기를 대상으로 원재료 조달부터 제조, 사용, 재활용까지
전과정에 걸친 '생물다양성 관계성 맵(map)'을 작성하였다. 그로부
터 리코의 복사기는 종이 펄프와 금속자원 등의 원재료를 조달하고
종이를 사용하는 단계에서 생물다양성에 미치는 영향이 크다는 것
이 밝혀졌다. 또한, 전과정 평가(Life Cycle Assessment)를 사용하여
리코의 사업활동이 생물다양성에 미치는 영향을 평가하였다. 이로부
터 복사기와 프린터를 사용할 때에 소비하는 종이로부터 영향의 99%
이상이 발생한다는 사실을 파악하였다.

위와 같은 분석 결과를 반영하여 리코는 사업 부문별로 생물다양성을 배려하기 위한 대책을 추진하였다. 2003년에는 생태계를 배려하는 '종이 제품의 조달에 관한 환경규정'을 정하였다. 이 규정을 더욱 확대 발전시킨 것이 2010년 '리코 그룹 제품의 원재료 목재에 관한 규정'이다. 종이 제품뿐 아니라 포장재, 팸플릿, 완충재 등 모든 목재 원료를 대상으로 한다. 적용 범위도 그룹 전체로 확대하였다. 이 규정에 따라 지구환경 및 생물다양성 보전의 측면에서 보호 가치가 높은 산림, 즉 노령림이나 원생림, 멸종위기종이 서식하는 자연림, 두 개 이상의 환경단체가 생물다양성을 보호하는 산림에서는 목재 조달이 금지된다.

리코의 공급업체는 원재료의 원산지를 정확히 파악하여 문서화하는 등 까다로운 요구사항을 지켜야 한다. 이를 지키지 않는 공급업체와는 거래를 중지할 수 있다는 내용이 규정에 포함되어 있다. 실제로 리코는 2004년 APP(Asia Pulp and Paper)사로부터의 사무용지 조달을 중지했다. 이 회사가 생태계를 배려하지 않는 인도네시아산 칩으로 종이를 제조한 사실이 밝혀졌기 때문이었다. APP사가 사용한 원목은 인도네시아 정부가 인정한 산림에서 벌채되었지만, 천연 열대우림을 벌채한 후 단일 경작으로 생산된 것이어서 환경친화적이라 하기 어렵다.

한편, 리코 그룹은 국내외 사업소 부지 내에 녹지 공간이나 풍부한 산림을 조성하였다. 2011년 리코의 환경행동계획에 의하면, 부지 내의 녹지 비율을 일정하게 유지하고, 침략적 외래종을 배제하고 있다. 농약과 화학비료의 사용을 최소한으로 억제하기 위한 통합해충관리(Integrated Pest Management)도 도입하였다. 프랑스의 리코 사업소26)에서는 '생명과 채색(Vie & Couleurs)'이라는 대책을 통하여 부지 내에 동식물의 서식 환경을 조성하였다.

리코는 복사기, 프린터기 등의 제조라는 생태계와 직접적 관련성이 적어 보이는 사업활동을 하고 있지만, 생물다양성에 기반을 두어 사업이 지속가능하다는 점을 인식하고, 공급망 전체에서 체계적으로 관리하기 위한 노력을 기울이고 있다. 생물다양성을 포함한 리코의 지속가능성 정책은 사회적으로도 높이 평가되고 있는 듯하다. 리코는 사회책임투자 지수의 하나인 FTSE4Good27)에 10년 연속, 세계에서 가장 윤리적인 기업28)으로 5년 연속, '글로벌 지속가능경영 100대 기업'29)으로 9년 연속 선정된 바 있다.

8. 에스티로더의 지역사회 파트너십

첫째, 원료의 품질이 높은가, 둘째, 원료 생산이 지역사회에 도움을 주는가, 셋째, 수확 방법이 환경친화적인가, 새로운 공급자를 선정할 때마다 에스티로더(Esteelauder)가 던지는 세 가지 질문이다. 이러한 원칙에 따라 에스티로더는 책임 있는 조달 정책과 그린 성분

---

26) Ricoh Industrie France S.A.S.

27) FTSE4Good은 2001년 설립된 사회책임투자 지수로 환경, 인권, 주주관계 측면에서 실적이 높은 기업을 포함시킨다. 영국 파이낸셜 타임스지와 런던증권거래소가 공동 소유한 FTS인터내셔널이 개발하였다.

28) 미국의 에시스피어(Ethisphere) 연구소가 선정한다.

29) 캐나다의 경제전문지이자 미디어리서치 그룹인 코퍼레이트 나이츠(Corporate knights)가 2005년부터 선정하여 스위스 다보스 포럼에서 발표한다.

프로그램을 실시한다. 화장품 원료를 조달하는 지역에 경제사회적·생태적 혜택을 주기 위해서이다.

에스티로더는 천연 화장품 브랜드로 유명한 아베다(Aveda)와 오존(Ojon)을 인수하였다. 아베다와 오존은 원재료의 지속가능한 공급을 위해 지역사회와 독특하고도 장기적인 파트너십을 맺는 것으로 유명하다. 이들은 원주민족의 전통문화와 생활방식 속에서 품질 좋은 천연재료를 발견하고, 지속적인 생산과 보호를 위해 지역사회를 지원한다.

화장품은 음식처럼 건강에 좋고 자연적이어야 한다는 것이 아베다의 철학이다. 이 철학을 바탕으로 아베다는 모든 제품에서 천연성분의 사용을 고집한다. 환경에 피해를 주거나 석유 용매 추출을 하는 원료를 사용하지 않는다는 원칙을 지킨다. 이를 위해 아베다는 전 세계의 농가 및 원주민족과 상호 협력하며 공생하는 비즈니스 모델을 만들었다. 아베다는 원주민족이 오랫동안 자연과 공생하며 터득해온 지혜를 활용하여 새로운 제품을 개발한다. 그리고 현대 문명의 이기와 개발로 희생되어 가는 원주민족의 언어와 전통문화를 지키기 위한 노력을 기울인다. 원주민족의 전통 문화를 지키면서 독특한 천연 화장품을 개발하는 것이 아베다 방식의 비즈니스 핵심인 것이다.

브라질의 아마존 강 유역에서 살아온 원주민족 야와나와족(Yawanawa)과의 파트너십은 좋은 사례이다. 우루쿰(Brazilian urukum)이라는 나무는 부족의 정신적·문화적 생활의 중심이다. 홍목(Bixa orellana) 또는 립스틱나무로도 알려져 있는 우루쿰의 씨앗은 야와나와족이 수백 년 동안 이용해온 아나토(Annatto)라는 색소의 원료이다. 아나토는 자연스러운 색과 풍부한 항산화 성분으로 피부 보호 효과가 탁월하다. 야와나와족은 아나토를 이용하여 부족의 상징인 복잡한 무늬를 피부에 칠하고 몸에 골고루 문지르기도 한다.

아베다는 아나토를 이용하여 새로운 천연 화장품을 개발하기로 하고 1990년대부터 야와나와족과 파트너십을 구축하였다. 아베다는 마을에 태양에너지, 학교, 정수시설, 진료소 등을 세웠다. 그리고 잃어버릴 위기에 처해 있던 야와나와족의 토지를 되찾을 수 있도록 지원하였다. 야와나와족은 아베다의 지원으로 16헥타르(ha)의 토지에 우루쿰을 심고 토지의 소유 권리를 회복하였다. 아베다는 나무를 심은 지 십 년이 지난 2003년부터 우루쿰으로 만든 립스틱을 판매하기 시작하였다. 이 외에도 아베다는 서호주, 불가리아, 남아프리카 등 세계 각지에서 지역주민들과 파트너십을 맺고 협력하면서 원재료를 조달하고 있다.

중남미 온두라스 지역의 미스키토(Miskito) 인디언족은 예로부터 머리카락이 아름다운 사람들이라는 뜻인 '타위라(Tawira)'라고 불렸다. 오랫동안 오존나무 열매에서 추출한 오일로 피부와 머리를 화장해온 덕분이다. 이에 주목하여 제품을 개발한 회사는 캐나다의 다국적 기업으로 2007년 에스티로더에 인수된 오존(Ojon)이다. 오존이 판매하는 샴푸, 컨디셔너, 트리트먼트 등 모든 모발케어 제품에는 온두라스의 지역 고유종인 오존나무에서 추출한 오일이 함유되어 있다. 이 제품의 개발과 원료 조달을 위하여 오존은 온두라스의 미스키토(Miskito) 인디언족과 파트너십을 맺었다.

오존은 2003년부터 미스키토 인디언 및 지역 NGO 모파위 (MOPAWI)[30]와 협력하여 오존나무의 오일을 이용한 헤어 케어 제품을 개발하였다. 오존은 나무에서 추출한 천연원료의 활성화와 유지에 관한 지식을 미스키토족으로부터 배웠다. NGO 모파위는 오일을 무리하게 생산하지 않도록 지속가능한 재배 기술을 보급하는 역할을 하였다. 오존이 처음 파트너십을 시작할 때 이백여 명에 불과하던 지역 생산자들이 지금은 수천여 명에 이른다. 오존은 지역사회를 위해 화장실과 우물 등을 건설하고, 교통, 통신, 교육 등 인프라를 설치하였다. 장학금 재단을 만들어 교육을 지원하였으며, 온두라스의 열대림과 전통문화를 보호하기 위한 방안을 마련하였다. 또한, 오존은 열대우림동맹과 협력하여 생물다양성과 지속가능성을 중시하는 농업 방식을 보급하였다. 오존 제품 중 퓨어오존오일(Pure Ojon Oil)은 열대우림동맹의 인증을 받은 것으로 플랜테이션이 아닌 수작업으로 생산된 것이다. 한편, 포장지는 모두 산림관리협의회 (FSC)의 인증 제품을 사용한다.

아베다와 오존의 파트너십은 지역의 생태적 다양성과 전통문화를 보전하면서 비즈니스를 양립하는 좋은 사례이다. 이 외에도 많은 화장품업체가 지속가능한 조달을 위한 대책 마련에 부심하고 있다. 로레알(Loreal)은 공급망의 생물다양성 영향을 줄이고, 멸종위기종을 보전하기 위한 행동 계획을 개발했다. 로레알 소유의 바디숍(body shop)은 '지속가능한 팜유 생산을 위한 원탁회의(RSPO)'가 인증한 팜 오일로 비누를 만들고 산림관리협의회(FSC)의 인증 목재와 종이

---

30) 모파위라는 지역 NGO는 오존나무의 소규모 생산자를 지원하고 제품을 보급하는 역할을 한다.

를 사용한다.

브라질 최대의 화장품업체인 베라카(Beraca)[31]는 아마존 열대우림 한가운데에 공장을 두고 각종 천연원료를 조달한다. 베라카는 2000년부터 지속가능한 공급망을 위한 '생물다양성 프로그램'을 시작하였다. 베라카는 생물다양성을 배려한 원료 조달과 거래를 추진하는 '윤리적 생물 교역연합(Union for Ethical Bio-Trade)'에 참여하고, '비즈니스와 생물다양성 이니셔티브'의 리더십 선언에도 서명하는 등 선도적인 활동을 벌이고 있다. 대부분의 원료를 자연에 의존하는 화장품업체의 특성상 자연과 조화로운 지속가능한 조달은 장기적인 비즈니스 전략에서 빠뜨릴 수 없는 요소일 것이다.

9. HSBC와 미츠이스미토모 은행의 생물다양성 보전

금융기관은 개발사업이나 기업에 필요한 자금을 제공함으로써 생물다양성 및 생태계 서비스에 간접적으로 영향을 미친다. 1980년대에 세계은행은 댐과 같은 대형 개발사업에서 환경문제가 발생하자 투융자 시 환경을 고려하기 위한 가이드라인을 설정하였다. 민간은행도 1990년대까지 세계은행의 환경 가이드라인을 참조하여 개발사업을 심사하였다. 하지만 환경문제가 복잡해지고 2000년대 이후 기

---

31) 베라카(Beraca)는 화장품 이외에 위생용품, 건강식품, 애완용 건강제품 등 광범위한 미용 및 건강용품을 취급한다.

업의 사회적 책임과 환경 리스크에 대한 관심이 높아지자 국제금융 공사(IFC)[32]가 민간은행을 위한 환경 가이드라인을 개발하였다.

이를 계기로 2003년에는 프로젝트 파이낸싱(project financing)에서 환경적 측면을 배려하기 위한 적도원칙(equator principle)이 채택되었다. 적도원칙은 1천만 달러 이상의 프로젝트 파이낸싱에 적용된다. 2009년 기준으로 전 세계 67개의 민간은행이 적도원칙을 채택하였다. 또, 프로젝트 파이낸싱의 85%가 이 원칙에 따른다.[33] 적도원칙은 국제금융공사(IFC)의 환경성과 표준을 기초로 프로젝트를 심사한다. 환경적·사회적 측면에 관한 여덟 가지 심사기준[34] 중의 하나가 생물다양성 보전 및 지속가능한 자연자원 관리이다. 적도 원칙은 프로젝트 리스크를 환경 영향에 따라 3단계로 분류한다. 리스크가 높은 프로젝트는 환경 영향평가서를 작성하고 저감 행동과 정기 보고를 해야 한다.

오늘날 대부분의 대형 금융기관은 투융자 시 생물다양성을 포함한 환경적 측면을 배려한다. 그중 하나가 런던에 본부를 둔 HSBC이다. HSBC는 아시아, 유럽, 미국, 중동, 아프리카 등 전 세계에 8,000여 개 이상의 거점을 두고, 은행, 증권, 자산운용, 보험 등의 다양한 금융 서비스를 제공한다. HSBC는 이산화탄소 배출량을 줄이고 신재생 에너지를 사용하여 2005년 세계 최초로 탄소 중립을 달성하는 등 선구적인 환경 대책을 실행해왔다.

---

32) 세계은행 그룹의 일원으로 민간 분야의 투융자를 담당한다.

33) 企業が取り込む生物多樣性硏究会(2010), 企業が取り込む生物多樣性入門. 日本能率協会マネジメントセンター.

34) 여덟 가지 기준은 (1) 사회환경 평가 및 관리 시스템, (2) 노동자 및 노동 안전, (3) 오염 방지 및 삭감, (4) 지역사회의 위생, 안전, 보안, (5) 용지 취득 및 비자발적 주민 이전, (6) 생물다양성 보전 및 지속가능한 자연자원 관리, (7) 원주민, (8) 문화유산과 관련된다.

2005년 HSBC는 생물다양성 전략을 발표했다. 핵심은 자체적인 생태발자국 줄이기, 투융자 시 생물다양성을 배려하기, 생물다양성을 배려하는 단체에 기부하기의 세 가지이다. 이의 일환으로 HSBC는 세계 83개국의 지점에서 산림관리협의회(FSC)의 인증지를 사용하고, 투자 대상 기업에도 이를 요구한다. 프로젝트 파이낸싱에서는 기본적으로 적도 원칙에 따라 심사한다. 화학, 방위, 에너지 산업과 같이 환경적·사회적 영향이 특별히 큰 부문에서는 HSBC가 직접 개발한 가이드라인에 따라 투융자를 결정한다. HSBC 가이드라인에는 생물다양성과 관련된 내용이 많다. 예를 들어, 임업 분야에서는 위법 벌채와 관련된 사업이나 유네스코 세계유산 등록지, 람사르 조약 습지에 대한 융자를 금지한다. 또, 보호 가치가 높은 산림에서의 목재 벌채와 팜유 등의 플랜테이션에 대한 융자를 금지한다. 팜유에 대해서는 지속가능한 팜유를 위한 원탁회의(RSPO)의 인증 취득을 권고한다. 제지 펄프 제조업에 대해서는 산림관리협의회(FSC)의 인증 재료를 사용할 것을 요구한다. HSBC는 전 세계의 사업 지점에 지속가능성 리스크 관리자를 배치하여 모든 융자에 대한 지속가능성을 검토한다.

한편, 일본의 미츠이스미토모(三井住友) 신탁은행도 생물다양성 보전에 있어 리더십을 보여준다. 2008년 독일의 '생물다양성과 비즈니스 이니셔티브'의 리더십 선언에도 참여한 미츠이스미토모 은행은 2010년부터 기업의 환경대책을 평가하여 등급별로 우대 금리를 적용하는 환경등급 융자를 시작하였다. 기업을 평가하는 항목에는 환경 경영과 환경 부하, 환경 배려형 상품과 서비스, 그리고 생물다양성 대책이 포함되어 있다. 이 융자를 받는 기업은 저리로 자금을 조달할 수 있을 뿐 아니라, 환경문제에 앞장서는 기업으로 평가받을 수 있다.

미츠이스미토모 은행은 2010년부터 기업이 생물다양성을 배려하는 정도에 따라 투자하는 '생물다양성 사회책임투자 펀드'를 판매하였다. 일명 '생물다양성 기업 응원 펀드'로 불리는 이 펀드는 신탁은행이라는 본업을 통하여 생물다양성 보전에 기여하는 것이기도 하다. 이 펀드는 사업이 장기적으로 생물다양성에 미치는 영향을 완화시키는지, 관련 기술과 서비스를 제공하는지 등을 검토하여 투자 대상을 선별한다.

미츠이스미토모 은행은 2012년 브라질 '리오+20' 회의장에서 금융기관들이 참여한 자연자본 선언에도 서명하였다. 이 선언은 투융자와 보험 등의 금융상품에서 자연자본을 배려하기 위한 것이다. 이에 따라 2013년 3월 미츠이스미토모 은행은 자연자본을 중시하는 기업을 높이 평가하고 융자를 우대하는 '자연자본 등급평가 융자'를 세계 최초로 도입하였다. 이 융자를 받기 위해 기업은 엣샤 (ESCHEER)35)와 같은 자연자본 평가도구를 사용하여 공급망 전체에 걸친 자연자본 영향을 평가해야 한다. 기업이 융자와 함께 자연자본 평가를 신청하면 보다 저렴하게 서비스를 받을 수 있다.

자동판매기와 카 에어컨용 콘프레서를 생산하는 주식회사 산덴 (Sanden)은 2013년 4월 일본 기업 최초로 공급망의 자연자본 평가를 시도하였다. 평가 결과 산덴 자체의 환경 부하량보다 공급망 상류의 부하량이 수십 내지 수백 배 큰 것으로 나타났다. 예를 들어,

---

35) PwC가 개발한 자연자본 평가도구로 산업연관분석모델의 하나이다. 무역데이터를 이용하여 자연자본에 미치는 부하량을 계산한다.

산덴의 물 사용량은 73만㎥이지만 공급망 상류에서는 22배인 1,600만㎥이었다. 또, 공급망 상류의 토지 이용 면적은 산덴의 433배, 온실가스 배출량은 10배였다. 게다가 산덴의 물 사용량 중 28%는 중국의 물 부족 지역에서 공급되고 있어 리스크 관리가 필요한 것으로 파악되었다. 이와 같이 공급망 전체의 자연자본 평가는 기업의 숨겨진 리스크를 보다 정확히 파악하고 장기적으로 관리할 수 있는 방향을 제시해준다.

이 외에 미츠이스미토모 은행은 부동산의 환경 부가가치를 평가하기 위한 방안도 모색하였다. 이를 위해 건축물의 에너지 절감 등 환경성능을 평가하는 건축종합성능평가시스템(CASBEE)과 생물다양성을 고려하여 토지 이용을 평가하는 일본서식지평가법(JHEP)을 활용하였다.

앞으로 생물다양성을 포함하여 환경을 배려하지 않는 사업은 은행 융자를 받기가 점점 어려워지거나 사업자금 조달비용이 높아질 것이다. 투융자한 프로젝트나 기업의 운용이 위험에 처할 수 있기 때문에 금융기관의 입장에서도 생물다양성 문제는 더 이상 간과할 수 없는 사항이 되었다. HSBC와 미츠이스미토모 은행은 금융업이라는 본업을 통하여 생물다양성의 보전에 기여하는 선례를 보여준다. 금융기관으로서 지역의 멸종위기종을 보호하기 위한 홍보와 캠페인 같은 사회공헌활동도 중요하지만, 본업 자체의 환경 영향을 줄이고 리스크를 관리하는 것이 우선시되어야 할 것이다.

10. 네슬레워터와 산토리의 생태계 서비스 지불

전 세계 70여 개국에서 연간 10억 개 이상의 생수를 판매하는 비텔(Vittel)은 네슬레워터(Nestlé Waters)의 천연 미네랄워터 브랜드이다. 천연 미네랄워터라는 상표를 유지하기 위해서는 지하수원의 위치, 미네랄 농도 등의 엄격한 기준을 지켜야 한다. 비텔이란 브랜드명은 생수 수원지인 프랑스 동북부 보주(Vosges) 지방의 마을 이름에서 따온 것이다. 비텔의 수원지는 인구 6천5백 명 정도의 작은 마을로 예로부터 물의 마을로 알려진 유명한 휴양지이다.

그런데 1980년대에 수원지의 수질이 오염되어 네슬레워터는 심각한 조업 위험에 처하였다. 수원지 근처에서 축산업과 옥수수 등의 사료 재배가 증가하는 바람에 농약과 비료와 같은 오염물질이 유입되었던 것이다. 게다가 수원지 주변의 자생식물이 벌채되어 수질오염 정화 기능마저 손실되었다. 오염물질을 제거하기 위해 수질을 처리하면 프랑스 법률상 천연 미네랄워터라고 부를 수 없게 된다. 이는 백여 년 이상 유지해온 비텔의 브랜드를 위협하는 치명적인 리스크이다. 당시 취수되는 생수의 수질은 법률상의 천연 미네랄워터 기준을 초과하였으나, 농가의 오염물질 배출량은 법적 허용범위 내에 있었다. 따라서 농가들에게 오염물질 배출을 줄이도록 강요할 수도 없는 상황이었다.

이에 네슬레워터는 천연 미네랄워터에 적합한 수질을 유지하도록 수원지 주변의 농가를 설득하고 지원하기로 했다. 네슬레워터는 초기에 대규모 투자와 보상을 하였을 뿐 아니라, 10여 년에 걸친 교섭을 거쳐 유역의 거의 모든 대규모 농가와 계약을 맺었다. 농가들은 농약 사용량과 가축 수를 줄이고 나무를 심어 농업 방식을 친환경적으로 바꾸었다. 네슬레워터는 그에 필요한 비용과 기술을 장기적으로 지원하였다. 토지 구입과 30년간의 장기적인 토지 사용권, 농업방식을 바꾸는 과도기 동안의 보조금, 농기구 등 새로운 설비와 기술 지원을 위해 네슬레워터가 초기 7년 동안 지불한 금액만 해도 약 2,425만 유로였다. 이는 생수 $1m^3$당 1.52유로에 해당하는 액수이다.[36] 네슬레워터는 엄청난 비용을 들였지만 비텔 브랜드의 손실 비용을 생각하면 훨씬 긍정적인 결과라고 할 수 있다. 네슬레워터는 비텔(Vittel) 이외에 페리에(Perrier)와 컨트렉스(Contrex) 브랜드에서도 주변 농가와 협력 관계를 맺고 수원지의 환경을 보호하고 있다.

한편, 일본의 유명 음료업체인 산토리(Santory)는 미네랄워터와 함께 각종 음료수 및 주류를 생산하는 세계적인 기업이다. 환경 경영 잡지 닛케이 에콜로지(Nikkei Ecology)가 매년 실시하는 환경브랜드 조사에서 산토리가 2011년부터 1위를 차지하였다. 수년간 톱(top)을 유지하던 토요타 자동차를 제치고 산토리가 1위로 평가된 것은 '물과 공존하는 산토리'라는 모토하에 수원지의 산림 보전에 앞장섰기 때문이다. 일본 소비자들은 산토리에 대하여 '생물다양성과 동식물 자원의 보전에 힘쓴다', '자연보호에 적극적이다'와 같은

---

36) Danièle Perrot−Maître(2006), The Vittel payments for ecosystem services: a "perfect" PES case?, Project Paper, No.3.

항목에서 높이 평가하였다.

산토리는 원료의 대부분을 물과 농작물에 의존하기 때문에 1899년 창업 이래 자연과의 공생을 경영 이념의 하나로 삼아왔다. 오늘날 산토리 기업의 사회적 책임(Corporate Social Responsibility, CSR) 비전은 '물과의 공존'이다. 산토리가 물을 중시하는 것은 그만큼 음료의 제조단계뿐 아니라, 설비 세정과 냉각 등에서 대량의 지하수가 필요하기 때문이다. 2010년 25개 공장에서 사용한 물만 해도 2,018만㎥에 이른다. 따라서 '물의 지속가능성'은 산토리 사업활동의 핵심 요소라고 할 수 있다. 특히 지하수의 품질과 양은 산토리가 생산하는 음료수의 품질과 직결된다. 질 좋은 지하수를 일정량 확보하기 위해서는 공장이 위치하는 상류지역의 산림을 보전하여 지하수를 지속적으로 함양해야 한다. 산림이 황폐해지면 토양이 악화되고 지하수 저장 기능이 손실되기 때문이다.

이러한 생각에 따라 산토리는 2003년부터 공장의 수원지가 있는 산림을 보전하였다. 산토리의 대표 브랜드명에 따라 수원지의 산림을 '천연수의 숲'이라고 이름 지었다. 목표는 공장에서 사용하는 물의 양 이상으로 지하수를 함양하는 것이었다. 산토리는 산림의 수원 함양 기능을 높이기 위해 가지치기 등의 적절한 산림 관리를 하여 광합성 기능을 도왔다. 또, 물이 침투하기 쉬운 토양을 복원하였다. 산토리는 수원지의 생태계 조사, 보전구역의 설정, 산림 정비 등에 연간 수십억 원의 비용을 지출하였다. 산림을 소유하는 국가 및 지자체와는 장기적인 산림 정비 방침에 따라 30년간 토지를 대여하는 협정을 체결하였다. 2011년까지 산토리가 조성한 '천연수의 숲'은 15개소로 총 7천5백 헥타르(ha)에 이른다.[37] 이는 산토리 공장에서 사용하는 지하수를 함양하는 데 필요한 면적을 훨씬 초과한다. '천연수의 숲'은 수원을 함양할 뿐 아니라, 지역의 생물다양성을 보전하고 이산화탄소를 흡수하며 홍수나 토사 등의 재해를 예방한다.

산토리는 이러한 일련의 활동이 봉사가 아닌 사업이라고 말한다. 양질의 물을 확보하는 것은 음료 회사의 지속가능성을 좌우하는 중요한 요인이기 때문이다. 세계적 브랜드 코카콜라 역시 인도에서 물 부족 사태를 겪은 이후 물 중립(water neutrality)을 선언하며 산림 정비와 지하수 함양을 촉진하고 수원지를 보호한다. 이와 같이 기업이 솔선수범하여 비즈니스에 필요한 생태계 서비스의 유지비용을 지불하는 사례가 증가하고 있다. 장기적으로 생태계 서비스에 투자하는 것이 브랜드를 지키고 지속가능성을 유지하는 데 훨씬 도움이 되기 때문일 것이다.

11. 푸마의 자연자본회계

"우리의 미션은 세계에서 가장 가치 있고 지속가능한 스포츠생활용품 기업이 되는 것이다."

얼마 전까지 푸마(Puma)의 CEO였던 프란츠 코흐(Franz Koch) 씨의 메시지이다. 푸마는 독일에 본사를 둔 글로벌 스포츠용품 기업이다. 푸마는 2015년까지 이산화탄소와 폐기물 등의 환경 부하량을

---

37) 산토리 CSR보고서 2012.

25% 줄이는 등 여러 가지 지속가능성 대책을 실시하고 있다. 그중에서 생물다양성과 관련이 깊은 것은 자연자본의 개념을 도입한 환경 영향의 분석이다.

2011년 푸마는 공급망 전체의 자연자본 부하량을 금액으로 나타내는 '환경손익계산서'를 작성하였다. 영국의 컨설팅회사 트루코스트(trucost)의 방법을 사용하여 온실가스, 물, 토지 이용, 대기오염, 폐기물의 항목별 환경비용을 평가하고 금액으로 환산하였다. 푸마 본사뿐 아니라, 푸마에 납입하는 공급자가 자연자본에 미치는 영향도 포함하였다. 예를 들어, 1차 공급자에 구두 생산자, 2차 공급자에 섬유 및 직물업자, 피혁 생산자, 3차 공급자에 직포 가공업체나 목축업체, 4차 공급자에 면화와 곡물 생산자 등이 포함되었다.

산정 방식은 공급자별 총 환경 부하량을 계산하고 이를 금액으로 환산하는 것이다. 예를 들어, 물 사용량의 경우, 수도 요금과 같은 가시적인 비용뿐 아니라, 산림과 토양 등 물을 함양하는 생태계 가치까지 반영하는 포괄적인 비용을 산정하였다. 트루코스트(trucost)는 과학 논문 등을 토대로 지역별 생태계 서비스의 경제적 가치를 데이터베이스화하고 있다. 그 금액에 물 사용량을 곱함으로써 공급망 전체의 물 비용을 산정하였다. 온실가스, 대기오염 등의 다른 항목에 대해서도 같은 방식을 적용하였다.

환경비용을 산정한 결과, 2010년 푸마의 총 환경 부하량은 1억 4천5백만 유로인 것으로 나타났다. 아시아 태평양 지역의 물 이용량과 미 대륙의 토지 이용 비용이 특히 컸다. 흥미로운 것은 총 부하량 중에서 푸마 본사에 의한 것은 6%뿐이라는 점이다. 나머지는 공급망에서 발생한 것이었다. 공급망의 환경 부하량은 상류로 갈수록 커져 농업이나 축산업 등 1차 산업과 관련된 4차 공급자의 부하량이 57%나 차지하였다. 4차 공급자는 면제품을 위한 면화 재배, 피혁제품을 위한 소 사육 등이 포함되어 생태계에 미치는 영향이 크기 때문이다. 이와 같은 결과는 상품을 포장, 판매하는 하류 공급망의 환경 부하량이 적더라도 원재료의 생산이나 채굴 등 자연자원과 직접 관련된 상류 공급망까지 거슬러 올라가면 자연에 미치는 영향이 상당히 커질 수 있음을 나타낸다.

푸마는 자체 개발한 지속가능성 지수(S-Index)를 토대로 '보다 지속가능한 제품'을 만드는 것을 목표로 삼고 있다. 푸마가 생각하는 '보다 지속가능한 제품'이란 유기농 면이나 재활용 물질, 인증 가죽과 같은 지속가능한 물질로 만들어져 이전보다 환경 부하량을 줄인 것이다. 이를 위해 푸마는 제품 수준에서도 자연자본의 비용을 산정하였다. 2013년부터 판매한 푸마의 인사이클(Incycle) 제품군은 '요람에서 요람까지'라는 원칙에 따라 생분해성 및 재활용성 원료를 사용한 대표적인 친환경 제품이다. 푸마는 인사이클 제품의 자연자본 비용을 산정하여 가격과 함께 제품의 태그(tag)에 표시하였다.

아래 표는 푸마 스웨이드(Suede) 슈즈와 생분해성 슈즈인 인사이클 배스켓(InCycle Basket) 제품의 자연자본 비용을 비교한 것이다. 생분해성 슈즈의 환경비용은 총 2.95유로, 제품 소매가는 95유로인 것으로 분석되었다. 생분해성 슈즈의 경우 가공피혁 스웨이드(Suede) 제품에 비해 약 10% 비싸지만 환경비용은 30%나 감소하였다. 스웨이드(Suede) 제품은 10만 켤레당 31대의 폐기물 처분 트럭이 필요한 반면, 인사이클 배스켓(InCycle Basket) 슈즈는 100% 생분해 가능하기 때문에 폐기물 발생량이 60%나 감소하였다.

티셔츠의 경우, 생분해성인 인사이클 면 티셔츠의 환경비용이 2.36유로로 기존 제품보다 31% 이상 감소하였다. 그 반면에 소매가격은 생분해성 티셔츠와 기존 제품이 동일하였다. 이러한 정보를 가격 태그에 부착한 푸마의 시도가 새롭다. 환경을 배려하는 소비자라면 태그에 부착된 환경비용을 비교하여 제품을 선택하게 될 것이다.

<푸마 제품의 소재별 자연자본 비용 비교>

제품 구분		온실가스	물	폐기물	대기오염	토지 이용	총비용	소매가격
신발	기존(스웨이드)	2.16	0.61	0.3	0.74	0.48	4.29	85
	생분해성	1.41	0.49	0.12	0.84	0.09	2.95	95
	자원절감률(%)	−35%	−21%	−60%	+14%	−20%	−31%	+12%
티셔츠	기존	1.79	0.33	0.10	1.00	0.20	3.42	20
	생분해성	1.20	0.34	0.06	0.70	0.06	2.36	20
	자원절감률(%)	−33%	+2%	−36%	−30%	−70%	−31%	0%

'Puma Business and Sustainability Report 2012'에서 정리.

지속가능한 녹색경제에 대한 관심이 증가하면서 기업과 소비자가 생태계에 비용을 지불해야 한다는 새로운 사고방식이 확산되고 있다. 자연을 이용 대상으로만 보는 게 아니라 가치를 생산하는 자산이며 자본으로 여기는 관점이다. 이러한 자연자본 개념을 기업회계에 접목하려는 국제적 움직임이 증가하고 있는 가운데 푸마의 사례는 선구적인 모델이 될 것이다.

'자연 속에 해답이 있다'는 말이 있다. 지구환경문제 역시 자연 속에서 해법을 찾을 수 있을 것이다. 자연 속의 생물은 생존에 필요한 것을 필요할 때에 필요한 만큼만 생산한다. 과욕을 부리지 않는다. 다량의 에너지나 유해화학물질을 요구하지도 않고, 폐기물을 배출하지도 않는다. 이 점에서 개미는 단연 선구자이다. 개미 한 마리의 평균 체중은 수 밀리그램에 불과하지만 지구 상의 총 체중은 인류와 맞먹을 정도로 개체 수가 많다. 하지만 개미에게는 식량문제, 환경문제가 없다. 식량은 필요한 만큼 만들거나 얻는다. 폐기물은 모두 자연 속에서 쉽게 분해되거나 다른 생물의 자원으로 사용된다. 생존기반마저 위협하는 인간의 대량생산 및 소비체계와는 달리 자연계는 이미 지속가능한 순환형 시스템을 이루고 있다. 이제는 자연을 정복의 대상이 아닌 배움의 대상으로 보아야 하는 이유이다.

이 책을 통해 꼭 알리고 싶었던 것이 세 가지 있다.

첫째는 생물다양성 감소는 환경문제일 뿐 아니라 경제문제라는 점이다. 생물다양성은 유전자에서 종, 생태계까지 지구 상의 모든 생명을 포괄한다. 멸종위기종이나 희귀종의 보전만으로 해결되는 문제가 아니다. 생물다양성 문제는 경제활동 양식의 변화를 포함한 보다 본질적이고 다각적인 노력을 통해서만 해결의 실마리를 찾을 수 있다.

두 번째는 생물다양성은 미래의 무한한 가능성을 내포하는 자산이라는 점이다. 석유자원의 시대를 넘어 21세기는 생물자원의 시대가 될 것이다. 생물다양성이 새로운 기술과 지혜, 문화의 원천으로서 다양한 가치를 창출하는 자본이 되는 시대가 오고 있다. 이러한 점에서 생물다양성은 자연과 공존공생 하는 새로운 문명을 상징하는 키워드라고도 할 수 있다.

세 번째는 생물다양성의 보전을 통해 기업이 새로운 시장을 만들고 경쟁력을 확보할 수 있다는 점이다. 책에서도 소개했듯이 이미 이를 간파하고 행보를 시작한 기업들도 꽤 있다. 자연과 공존하는, 그리고 자연을 닮은 비즈니스야말로 21세기의 시대적 요청에 부응하여 각광받게 될 것이다. 인간이 지닌 보편적인 생명애를 회복한 비즈니스와 기업이 21세기의 승자가 될 것이라 기대한다.

이 책은 생물다양성의 기본 개념에서부터 비즈니스에 미치는 영향, 국제 협약과 시장 메커니즘의 동향, 선진 기업들의 사례까지 부문별로도 한 권의 책을 만들 수 있는 내용을 두루두루 포괄적으로 다루었다. 나무보다는 숲을 보는 눈으로 생물다양성에 대한 새로운 인식을 돕기 위해서이다. 하지만 부분적으로는 좀 더 깊이 있는 설명이 필요하지 않았을까 하는 아쉬움이 남는다. 한편으로는, 생물다양성의 문외한을 위해 좀 더 간결하고 재미있게 써야 하지 않았나 하는 걱정도 든다. 어쨌든 입문서로서 다소 넘치거나 부족하더라도 독자들의 아량과 지혜로 필자의 부족한 내공을 채워주길 부탁드린다.

생물다양성을 보전한다는 것은 그만큼 많은 가능성을 안고 미래를 준비한다는 것을 의미한다. 현재의 생물다양성은 46억 년의 장구한 지구 역사 속에서 형성된 유일무이한 존재라는 점을 기억하며, 생물다양성에 관한 다양한 사례와 대책을 발굴하고 인식을 확산하는 데 조그마한 도움이 되길 바란다.

끝으로 감사의 말을 덧붙인다. 지난한 집필 과정을 격려해주고 든든한 지원군의 역할을 해준 남편과 아이에게 고맙다. 개구리와 자라, 도마뱀 등을 보며 "너무 예쁘다! 귀엽다!"를 연발하는 어린 아들을 보며 인간에게는 정말 생물애라는 본성이 있음을 새삼 느낀다. 어른이 되어도 그 마음을 간직하기를 바란다. 또, 평생을 과욕 없이 순리대로 사시며 자식을 응원해주신 양가 부모님께도 심심한 감사를 드린다. 마지막으로, 여러모로 부족한 원고를 주저 없이 책으로 출간해주신 한국학술정보(주)에도 감사의 마음을 전한다.

국문

(ㄱ)

국제금속광업평의회 176
국제금융공사 51, 59, 123, 195
국제보전협회 170
국제자연보호연맹 6, 30, 60, 176
국제통합보고위원회 97, 100, 101
국제해사기구 39, 65
그린피스 50, 57, 143, 146
글로벌 마이닝 이니셔티브 176
글로벌풋프린트네트워크 98
기업의 생태계 서비스 평가 72, 75
기후변화 4, 5, 35, 36, 44, 47, 80,
　83, 86, 103, 104, 112, 115,
　140, 167, 168

(ㄴ)

나고야 의정서 4, 10, 79, 82, 83,
　130~136
남획 5, 32, 35, 37, 38, 44
네슬레 6, 50, 57, 97, 143, 146
네슬레워터 11, 61, 129, 199~202

(ㄷ)

듀폰 14, 56

(ㄹ)

람사르 조약 62, 78, 196
로열더치쉘 60
리오틴토 11, 51, 72, 112, 175~179
리코 11, 185~189

(ㅁ)

머크 93
물 중립 55, 204
미츠이스미토모(三井住友) 신탁은행 197
미티게이션 64, 68, 119
미티게이션 뱅킹 64, 68
밀레니엄생태계평가 68, 84, 85, 105

(ㅂ)

바이오뱅킹 121
부시 브로커 121
비즈니스와 생물다양성 옵셋 프로그램
　123
비즈니스와 생물다양성 이니셔티브 69,
　70, 74, 122, 163, 186, 194
비텔 61, 129, 199~202

(ㅅ)

사라야 146, 147, 148
사토야마 뱅킹 122
사회적 자본 8, 57, 63
산덴 55, 99, 198
산토리 11, 199, 202~204
생물 유전자원에 대한 접근과 이익 공유
　79
생물 해적 행위 90, 92, 134, 135
생물다양성 뱅킹 118, 119, 122
생물다양성 옵셋 5, 9~11, 60, 67,
　68, 104, 106, 112~116,
　118~124, 171, 175, 177, 178
생물다양성 통합평가도구 53
생물다양성 핫 스팟 43, 47

생물다양성 협약 4, 9, 14, 29, 68, 69, 71, 78~82, 84, 91, 93, 104, 105, 130, 131, 184
생물탐사 106
생태계 및 생물다양성의 경제학 9, 74, 84~86, 99~101, 133
생태계 서비스 4~6, 8, 10, 11, 19, 21~28, 32~34, 37, 42, 43, 61, 67, 68, 72, 73, 75, 78, 81, 83~89, 97, 104~107, 124,~130, 169, 195, 199, 204, 205
생태계 서비스 지불 68, 104, 125~130
생태발자국 48, 196
샤프 74
서식지 적합성 지수 117
서식지평가법 74, 116~118, 198
선박평형수 39, 64, 65
세계경제포럼 49
세계식량농업기구 42
세계자연보호기금 14, 24, 30, 48, 101, 106, 144, 147~149, 166
세계자원연구소 43, 72, 98, 99
세계지속가능발전기업협의회 71, 86, 99, 101
세키스이하우스(積水ハウス) 181
소니 56, 129
순긍정영향 112, 113, 177, 179
순손실제로 112, 115, 118, 121, 124
습지뱅킹 120
시세이도 93

(ㅇ)

아레프 158, 160~163
아베다 190~192, 194
아이치 목표 102
알칸 60
알파라발 65
앤호이저부시 54, 55
에스티로더 11, 190, 192

오존 103, 190, 192~194
외래종 5, 21, 32, 35, 38, 39, 45, 54, 64, 83, 162, 183, 189
워싱턴 조약 37, 78
월마트 6, 10, 57, 66, 97, 153, 167, 169~171
유니레버 6, 10, 53, 57, 92, 97, 144, 146, 149, 163~167
유럽연합목재규정 141
유엔환경계획 금융이니셔티브 96, 98
유전소재 91
유전정보 16, 91
윤리적 생물거래를 위한 연합 49
이온 10, 71, 171~174

(ㅈ)

자연자본 96~101, 197, 198, 204, 205, 206, 207, 208
적도원칙 195
전통적 지식 83, 91, 124, 131
조방양식 45, 46, 173
지구생명지수 31
지구환경기구 103
지속가능한 팜유를 143, 144, 146~148, 165, 166, 170, 196
지역 허가권 59
집약양식 45, 173

(ㅋ)

코그니스 93
코카콜라 55, 58, 100, 204
크래프트 54

(ㅌ)

탄소상쇄 112, 128
토요타 60, 202

(ㅍ)

파나소닉 74
파생물 130, 133

팜유 10, 57, 136, 142~148, 164~166, 170, 194, 196
페차 61
폭스바겐 122
푸마 11, 100, 204~208

(ㅎ)
해양관리협의회 149, 151~154, 166, 169, 172
혁신적 자금 메커니즘 104, 107, 123, 130
홈데포 61
환경스왑 103
후지츠 74

영문

(A)
Access to genetic resources and Benefit-Sharing 79, 91, 130
Aeon 171
Alcan 60
Aleph 158, 161, 162
Alfa Labal 65
Anheuser-Bush 54
Aveda 190, 192

(B)
ballast water 39, 64
BBOP 123, 124
biobanking 121
Biodiversity Offset 115, 123
biopiracy 90
Bioprospecting 5, 106, 133
bush broker 121
Business and Biodiversity Initiative 69

(C)
Carbon offset 112, 115, 128

Cognis 93
Conservation International 170, 177
Convention on Biological Diversity 78

(D)
Debt for Nature Swaps 103
derivative 130
Dupont 14, 56

(E)
ecological footprint 48
Ecosystem service 19, 42, 54, 72, 125, 202
Equator principle 195
ESR 72, 75
Esteelauder 190
EU Timber Regulation 141

(F)
FAO 38, 42, 78, 143, 158
Fetzer 61
Fujitsu 74

(G)
Global Environment Facility 103
Global Footprint Network 48, 98
Global Mining Initiative 176

(H)
Habitat Evaluation Procedures 74, 116
Habitat Suitability Index 117
Home depot 61
HSBC 11, 67, 142, 195~197, 199

(I)
IFC 51, 52, 59, 123, 195

IMO 39, 65
Innovative Financial Mechanism
  104
Integrated Biodiversity Assessment
  Tool 53
International Council of Mining and
  Metal 176
International Integrated Reporting
  Council 97
International Union for Conservation
  of Nature 38, 44, 47, 101,
  105

(K)
Kraft 54

(L)
Living Planet Index 30
Local license 59

(M)
Marine Stewardship Council 149
Merch 93
Millennium Ecosystem Assessment
  22, 33, 36, 84
mitigation 119
mitigation banking 64

(N)
Nagoya Protocol 131
natural capital 96
Nestle 57
Nestlé Waters 61, 129, 199
net positive impact 112, 113, 177
no net loss 112, 115, 118, 122,
  124

(O)
Ojon 190, 192, 194

(P)
palm oil 143~145, 165
Panasonic 74
PES 10, 125~130, 189, 202
Puma 205~208

(R)
Ricoh 185, 188, 189
Rio Tinto 177
RSPO 144~148, 165, 166, 170,
  194, 196

(S)
Sanden 55, 198
Santory 202, 203
Saraya 146, 147
Sharp 74
Shiseido 93
social capital 63
Sony 56, 129

(T)
The Economics of Ecosystems and
  Biodiversity 5, 24, 25, 46, 47,
  49, 68, 74, 84, 87, 105, 121
Toyota 60

(U)
UNEP FI 96, 98
Unilever 53, 146, 149, 163~166
Union for Ethical BioTrade 49

(V)
Vittel 61, 199, 201, 202

(W)
Walmart 168
Washington Convention on
  International Trade in
  Endangered Species of

Wild Fauna and Flora 38
Water neutrality 55, 204
WBCSD 42, 54, 71, 86, 99, 101,
    105

Wetland Banking 120
World Resource Institute 43
WWF 24, 30, 48, 101, 106, 143,
    144, 147~149, 166

자연을 지키는
지키는
21세기 기업이 알아야 할 생물다양성
비즈니스가
성공한다

초판인쇄 2014년 6월 2일
초판발행 2014년 6월 2일

지은이 이승은
펴낸이 채종준
펴낸곳 한국학술정보㈜
주소 경기도 파주시 회동길 230(문발동)
전화 031) 908-3181(대표)
팩스 031) 908-3189
홈페이지 http://ebook.kstudy.com
전자우편 출판사업부 publish@kstudy.com
등록 제일산-115호(2000. 6. 19)

ISBN 978-89-268-6223-0 03330

이담
Books 는 한국학술정보(주)의 지식실용서 브랜드입니다.

이 책은 한국학술정보(주)와 저작자의 지적 재산으로서 무단 전재와 복제를 금합니다.
책에 대한 더 나은 생각, 끊임없는 고민, 독자를 생각하는 마음으로 보다 좋은 책을 만들어갑니다.